为什么
新闻依然重要

WHY
JOURNALISM
STILL
MATTERS

著者 / [美]迈克尔·舒德森

译者 / 李 煜

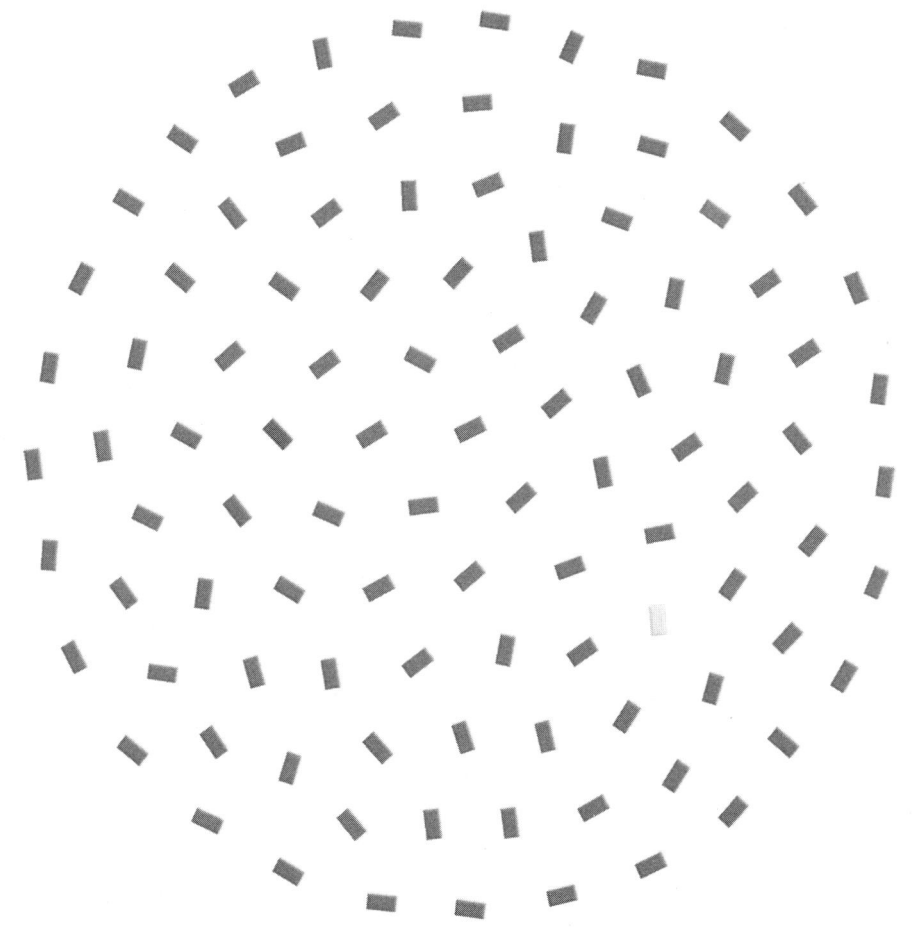

中国传媒大学出版社

·北京·

目 录

- 个人谢词 / *1*
- 致 谢 / *3*

- **《为什么新闻依然重要》——导论** / *1*

  第一编 新闻业历史溯源

- 第一章 追溯14或15代:作为文化形态的新闻和作为历史形态的新闻业 / *31*

- 第二章 沃尔特·李普曼的魂灵:迈克尔·舒德森的一次采访 / *43*

- 第三章 新闻业是一种专业吗?——客观性1.0,客观性2.0及其超越 / *56*

  一、新闻业作为一种职业领域的出现 / *63*
  二、新闻"高度现代性"的兴起:
  　　客观性1.0 / *69*
  三、客观性2.0的到来 / *72*
  四、超越客观性2.0? / *90*

第二编　深入当代新闻业

- 第四章　新闻业独立性的危机 / 99

- 第五章　比利时"入侵"德国：再论伪新闻——
  不完善、专业化与民主 / 113
  一、我们不完善的知识 / 117
  二、专业化的新闻业 / 125
  三、民主作为一种怀疑的认识论 / 130

- 第六章　新闻化社会的新闻业：重新审视雷蒙德·
  威廉姆斯的"戏剧化社会" / 134
  一、没有新闻化的社会 / 139
  二、适用于新闻化社会的威廉姆斯
  　　五命题 / 148

- 第七章　新闻危机：你还能吹出轻快的
  曲调吗？ / 159
  一、有关纸媒衰落的更大语境 / 163
  二、转型中的新闻制作 / 172
  结论 / 184

第三编　简论新闻业与民主

- **第八章　公民权——依据《辛普森一家》展开的年代史 / 193**
  一、玛吉·辛普森时期，1789—1820：精英治理民主中的恭顺公民 / 194
  二、霍默·辛普森时代，19世纪20—90年代：政党治理民主中的忠诚党众 / 196
  三、丽莎·辛普森时代，19世纪90年代—20世纪20年代：怀疑政党（Party-Wary）民主中的知情公民 / 199
  四、巴特·辛普森时代，20世纪50年代至今：跨选举期（Trans-Electoral）民主中的悖逆公民 / 203
  五、麦吉·辛普森的未来时代：会出现新的公民模式吗？/ 205

- **第九章　美国新闻业的多重政治角色 / 210**
  一、作为党派宣传者或鼓吹者的报刊 / 213
  二、作为院外游说者的新闻界 / 214
  三、作为国家安全执行官的编辑 / 219
  四、作为政府"局内人"的记者 / 223
  五、作为议程倡导组织的新闻业 / 228
  六、作为促进政治文化形成媒介的新闻业 / 230

- 第十章　作为一种"慢政府"运行模式的民主 / 237

    一、政治社会化需要时间 / 240

    二、选举需要时间 / 242

    三、协商需要时间,即使在民主国家也难以避免 / 243

    四、发出理性之声需要时间 / 245

    结论:慢民主的危险 / 247

第四编　后记

- 第十一章　反躬自省:舒德森论舒德森 / 255

    一、缺什么:舒德森的研究囿于文化吗? / 256

    二、舒德森是在研究知识社会学吗? / 260

    三、舒德森从社会学家变成政治史学家了吗? / 265

    四、关于乐观主义——我会坚持下去 / 267

个人谢词

本书缘起于多年来萦绕在我心头的重要议题——从大体（考虑到第四章的议题是"新闻业独立性的危机"）正向的议题，如新闻专业化，到对政治误读的议题，我在其中着重强调了"知情公民"作为民主的道德理想。当然，这本书也整合了一些我忖度良久的其他议题（民粹主义、新闻在日常生活中的意义、技术对于社会经验的有为与有限、民主之"慢"应该被认定为优还是劣）。新闻专业化是一个贯穿性的根本议题，这可以回溯至我自己四十年前学术生涯的开端，但此议题直到今天依然历久弥新。过去十年我执教于一个"专业化的学院"——哥伦比亚大学新闻学院，正是这样的经历使我能反复思考"新闻专业化"，感谢新闻学院！感谢哥大！

同时，对于新闻记者和新闻业，我已经成为一个近距离、本地化的观察者，成为一个更加投入的世界主义者，成为探索和思考"新闻学研究"的国际共同体中的一员。我要感谢哥大新闻学院的同事们，特别是传播学方向高级博士项目的托德·吉特林（Todd Gitlin）、理查德·约翰（Richard John）和安迪·塔克（Andie Tucher），感谢来自世界各地出类拔萃的学生们,还有给予在校生持续帮助和道义支持的校友们,请接受我诚挚的谢意!

如果没有政治出版社(Polity Press)的主编约翰·汤普森(John Thompson)多年来的无私鼓励,这本书就不会面世。因为他相信本书能够也应该成为一种延伸,写作本书的意义必将超越收集和传播已经出版的论文并将其打包成一个便利的文本;这本书诉诸新观点,改写于旧篇章,明确传达了新闻依然重要的信念。感谢政治出版社的杰出编辑,包括文字编辑萨拉·丹西(Sarah Dancy)!

感谢约翰·汤普森,这本书的出版就像孕育了一个新生命。当然,它不是我生命中唯一的新生命。我与朱莉娅·索内文德(Julia Sonnevend)两年半的婚姻对我而言依然是全新的生命历程,这个十足美妙的探险向我打开了崭新世界的大门,此过程还伴随着深情厚谊。这份爱情因诺亚·彼得·舒德森(Noah Peter Schudson),这个6个月大的生命奇迹,而更加流光溢彩。如果他不是"头条新闻",那谁还是呢?

致　谢

作者和出版者感谢拥有版权的相关出版机构同意本书收录如下各篇论文：

第一章"追溯 14 或 15 代：作为文化形态的新闻和作为历史形态的新闻业"，原载于 *American Journalism* 30/1（2013），pp.29-35。

第二章"沃尔特·李普曼的魂灵：迈克尔·舒德森的一次采访"，原载于 *Mass Communication & Society* 19/3（2016），pp. 221-229。

第四章"新闻业独立性的危机"（原标题为"Autonomy from What?"），原载于 Rodney Benson and Eric Neveu, eds., *Bourdieu and the Journalistic Field*（Cambridge：Polity，2005），pp. 214-223。

第七章"新闻危机：你还能吹出轻快的曲调吗？"原载于 Jeffrey C. Alexander, Elizabeth Butler Breese, and Maria Luengo, eds., *The Crisis of Journalism Reconsidered：Democratic Culture，Professional Codes，Digital Future*（New York：Cambridge University Press，2016），pp. 98-115。经出版者允许，可再版使用。

第九章"美国新闻业的多重政治角色",原载于 Bruce E. Schulman and Julian E. Zelizer, eds., *Media Nation: The Political History of News in Modern America* (Philadelphia: University of Pennsylvania Press, 2017), pp. 190-205。

第十一章"反躬自省:舒德森论舒德森",原载于 *Journalism Studies* 18/10 (2017), pp. 1334-42。*Journalism Studies* 可通过 https://www.tandfonline.com/loi/rjos20 在线查阅。

《为什么新闻依然重要》[①]——导论

新闻业重要吗?比以往任何时候都重要。不过,在得出这个结论之前,我们需要知道新闻业重要在哪里。为了证明其长久以来的重要性,在这个新闻业的界定比以往任何时候都不清晰的时代,我还必须解释一下这里所说的"新闻业"是什么意思。新闻业的类别难以计数,其中很多都是非常实用的,这当然也包括那些有明确党派色彩的新闻业。但是,我要为其重要性提供充分理由的新闻业,是指专业新闻业。我认为,专业新闻已经被媒体学者丹尼尔·哈林(Daniel Hallin)简单而精准地定义过了,他认为专业新闻业就是记者要"坚定地致力于专业规范而不是政治理念"[②]。与时事评论相比,这样的新闻业才是现在真正重要的。

为了介绍在我看来对新闻业至关

[①] Why Journalism Still Matters——原文标题中的 journalism,作者本意为新闻业,但在汉语语境中 journalism 还有新闻、新闻媒体、新闻界,甚至有新闻学等多重含义。本书标题汉译选用"新闻"而非"新闻业",是为了利用汉语"新闻"一词的多义性,涵盖英文 news 与 journalism 的双重含义,以此来呼应作者的深长意味。——译者注

[②] Daniel C. Hallin, "The Passing of the 'High Modernism' of American Journalism," in Hallin, *We Keep America On Top of the World* (New York: Routledge, 1994), pp. 170-180, at p.171.

重要的东西,我先来讲一名记者在写一篇新闻故事时做出的一个小决定。2017年10月19日,记者理查德·佩雷斯-佩纳(Richard Pérez-Peña)在《纽约时报》(New York Times)报道了这样一则新闻,标题为"第二名联邦法官阻止颁行《旅行禁令》(the Travel Ban)第三修正案"。这个新闻聚焦的是马里兰州联邦法官西奥多·庄(Theodore Chuang)刚刚发布的阻止颁行决定。记者这样解释道,总统唐纳德·特朗普在《旅行禁令》第三修正案中试图禁止6个主要的伊斯兰国家的居民入境,夏威夷州的德里克·沃特森(Derrick Watson)法官宣布此修正案非法。作为第一位这么做的联邦法官,沃特森法官认为这违反了1965年《联邦移民法》禁止基于国籍的歧视条例,他因此发布了临时限制令。马里兰州的庄法官则补充了反对的理由,他认为无论是从宪法还是从立法依据来看,《旅行禁令》第三修正案都是违法的,于是他发布了永久性禁令。

记者佩雷斯-佩纳用平淡的、不掺杂丝毫情感的文字来报道此新闻,这是专业的、"客观的"新闻报道的第一个标志。客观性的第二个标志则是,他引用了马里兰案中的原告判决来支持庄法官,但同时也引用了一位司法部发言人对马里兰案的批评——标准的"听取双方意见"的平衡写法。

但是随后,报道第五段中出现了一些内容,记者打破了实事求是直截了当的手法,插入了一段背景信息,即这两位反对《旅行禁令》的法官,尽管分别来自夏威夷州和马里兰州,但他们均是由前总统巴拉克·奥巴马(Barack Obama)任命的。这是事实,但问题是佩雷斯-佩纳为何

要提及此事。以下为报道原文:

> 这两位地区法官,均由巴拉克·奥巴马总统任命,他们都否决了早些时候对《旅行禁令》的修订,同时,他们所在州的联邦上诉法院也否决了《旅行禁令》修正案,而且最高法院也合并受理了这些上诉,但允许禁令的某些部分在案件审理期间生效。

这个由 59 个单词①组成的句子单调、冗长,但它清楚地列出了整个事件链。但是那 6 个词——"均由巴拉克·奥巴马总统任命"——在这里是什么意思呢?佩雷斯-佩纳为什么要打破关于事情发展的叙述逻辑,插入有关两位法官升职履历的描写呢?

对于支持特朗普《旅行禁令》修正案的读者来说,要了解沃特森法官和庄法官反对的理由,这句插入语——"均由巴拉克·奥巴马总统任命",就提供了一个法律之外的合理解释。佩雷斯-佩纳并没有声称法官的决定并非秉持法律公正原则所作出的,而是由他们可能潜在的自由派政治倾向得来的,他为读者提供了一种揣测这种可能性的思路。他解答了一个许多读者都可能想过的问题。比如我心中就有这样一个疑问:这些法官是由共和党还是民主党总统任命的呢?我个人希望这些法官是由共和党人乔治·W. 布什(George W. Bush)任命的,因为

---

① 这里和下面的数字均指其英文原文的单词数。

我想要有人能驳回《旅行禁令》的修正案,并且我希望无论亲民主党的法官,还是亲共和党的法官,都能认识到这个禁令违背了《宪法第一修正案》中对宗教自由的保护原则。

佩雷斯-佩纳本可以告诉我们关于两位法官的其他相关经历。他可以强调沃特森法官是夏威夷本地人,是一名警官的儿子,是他们家第一个读大学的人,而且是哈佛法学院的毕业生。他也可以强调,沃特森法官是在参议院的一场94:0的选举中全票当选的。他还可以告诉我们,庄法官是中国台湾移民的儿子,同样是哈佛法学院的毕业生,也是2009—2014年国土安全部的副总法律顾问。在一个两极分化的政治世界中,佩雷斯-佩纳提供了读者可能更感兴趣的信息:是奥巴马总统任命了这两位法官,而不是他们的才干有多么出色,或者他们有司法或国土安全等部门的个人履历。为了给庄法官的决定提供一些背景解释,这个报道中的一些文字显然超出了最简单的事实描述。通过对信息的筛选,佩雷斯-佩纳构建了新闻故事的脉络,并引导读者去理解它。佩雷斯-佩纳,或是《纽约时报》的编辑们选择了能充分体现当下政治立场极化的叙述视角。

插入的这6个词有效地陈述了一个事实,但陈述事实并不是这6个词所表示的全部。这则报道的记者与任何理性的人一样,他们都认识到,无论我们是否喜欢,政治倾向始终是司法判决的一个影响因素。这篇新闻报道就提供了这样的潜台词——在特朗普总统反复指责《纽约时报》怂恿大众对他进行"政治迫害",并且刊登源源不断的"假新闻"后,《纽约时报》提供了一个对自己公正性的证明。毕竟,公正原则是一家顶级大报的新闻报道(不包括社论)所应坚持的立场。但是,暗示法官无视法律地去遵循他们的政治偏好,可能会有损于我们共有的公民话语空间;颇具讽刺意味的是,这也含蓄地告诉读者,重要的是政治,而不是制度。"均由巴拉克·奥巴马总统任命",这种说法是没毛病的,但这其中的潜台词却在指两名法官唯任命他们的总统马首是瞻。这种说法也许有时候是正确的,而有时却是错误的。(民主党的)富兰克林·罗斯福(Franklin Roosevelt)可能仍然因为将费利克斯·法兰克福特(Felix Frankfurter)任命为大法官而在自己的墓中气得打滚,后者经常与最高法院中的自由派人士进行斗争。(共和党的)德怀特·艾森豪威尔(Dwight Eisenhower)可能同样后悔委派厄尔·沃伦(Earl Warren)和威廉·布伦南(William J. Brennan)为最高法院法官;(共和党的)理查德·尼克松(Richard Nixon)任命哈里·布莱克门(Harry Blackmun)也是这种情况。布莱克门终身都是一个共和党人,但是他在最高法院起草了关于罗伊诉韦德案(Roe v. Wade)的主要意见,并确立相关法律的合宪性,使部分堕胎合法化。

不管佩雷斯-佩纳插入"均由巴拉克·奥巴马总统任命"这句话的决定是否明智,我都确信他不是作为政治自由派或政治保守派而写作的。他是作为一名职业记者来报道的。这就是一种被特朗普总统和其他右翼人士诬为假象的新闻专业主义,尽管必须指出的是,多年来,许多左翼人士也对主流媒体提出过类似的控诉,指责它们对世界的含蓄看法是中间派,甚至是中偏右派的,它们边缘化了左派的合法观点。

而对于所谓的"自由媒体":谁在2016年美国总统大选中对主流媒体的偏见抱怨声最大呢?第一名一定是唐纳德·特朗普,但紧随其后的可能就是伯尼·桑德斯(Bernie Sanders)和他的支持者们。要是来自桑德斯和特朗普阵营的批评人士能集中研究媒体文本,他们就会发现,全国性的主流媒体存在一种反民粹主义的偏见。① 20世纪90年代,英国政治理论家玛格丽特·卡诺万(Margaret Canovan)曾指出,民粹主义运动的典型领导者常常是克里斯玛型领袖,魅力十足,"他们可以使政治变得个人化并具有接近性,而不是遥不可及还官僚主义"。因此,业余主义的心态和非政治出身的身份成为这类民粹型候选人的优势。她写道,民粹主义领导人获得个人权力的程度是"很难和民主愿望协调一致"的。与此同时,她还指出,民主有时需要利用民粹主义"作为信仰回归的手段"。② 我不怀疑民粹主义可以为灰暗的制度添上一抹令人振奋的情感色彩,但这并不意味着民粹主义可以替代民主,并且,前者可能会对支撑民主政治的制度的完整性造成威胁。

而民主,正是新闻业的意义所在。新闻业是对维系民主来说不可或缺的制度安排,其对民主的特别之处在于,法律确立的新闻自由给新闻业赋权,同时,充分的经

---

① 桑德斯的媒介报道的早期指控来自(An early complaint about media coverage of Sanders came from) Steve Hendricks, "Bernie Sanders Can't Win: Why the Press Loves to Hate Underdogs," *Columbia Journalism Review*, May 21, 2015; at: www.cjr.org.

② Margaret Canovan, "Trust the People! Populism and the Two Faces of Democracy," *Political Studies* 47 (1999): 2-16, at p.14.

济保障使得新闻业能持续进行新闻报道。尤其是在美国,新闻业的商业支柱已经被互联网所削弱(详见第七章),但是旧的新闻机构已显示了一种能力:在通过减少工作人员而节省成本的情况下,它们仍能生产出优质的新闻。同时,一些只有线上内容的新闻机构,也在慈善捐款和其他商业创新模式的支持下,做出了杰出而充满活力的原创报道。在某种意义上,正是由于以报纸为中心的新闻业面临着互联网所导致的经济危机,才使专业新闻机构能够在人员精简的情况下,把新闻做得和以往一样好,甚至更好。

在谈论新闻业时,我们不应该心气太高。如果说新闻业与民主有联系,那么它也做了许多与民主关系不是很大的事情。例如,它提供了一些鸡毛蒜皮的新奇消息去填充人们一天当中的零碎时间,这样的状况其实已经持续很久了。早在 1945 年纽约的报社罢工期间,伯纳德·贝雷尔森(Bernard Berelson)就曾有过记录说,读者确实不想错过跟进新闻故事或话题的任何内容,这样也就不会错过享受新闻提供的消磨时光的乐趣。而如今,当人们整天翻来覆去查看手机时,改变的不过是获得这种快感的频率与时长而已。① 就像曾经的老规矩——早饭时读报纸,晚饭时看电视新闻,行车时听广播——已经成为一种需要被反复抓挠的"痒处"(itch)。

从古至今,新闻业都为广告提供了一席之地,因此,

---

① Bernard Berelson, "What Missing the Newspaper Means," in Paul F. Lazarsfeld and Frank N. Stanton, eds., *Communications Research 1948—1949* (New York: Harper & Brothers, 1949), pp. 111-129.

它必然与经济活动紧密相关。在这个体育、书籍、音乐和戏剧消息占据媒体封面的年代,新闻本身既是娱乐,又是娱乐信息的来源。新闻业给人们提供了有关天气、交通路况以及其他方面的信息,从新时尚到新科技再到新医术,对人们而言,这些日常信息比政治新闻更为重要。

新闻业可能脱离民主而存在,但是民主能脱离新闻业而存在吗?在当今世界,我觉得不能。在民主治理中,新闻业居于核心地位。作为一种组织化的怀疑主义的制度安排,新闻业变得愈加重要。就像我在第十章所论述的,代议制民主的关键特征之一并不是赋权给公民,让他们直接选举出他们的领导者,而是允许公民对他们选出的领导者持怀疑态度。由于"新闻业"的定义愈加模糊,新闻业在民主制度中的角色定位也随之日益含混不清,这种模糊的定位在数字时代尤甚。当每个旁观者都有一个连接着全球互联网的智能手机,可以立刻上传照片或文本信息,记者和旁观者之间的界限变得模糊。往昔爱惜羽毛的新闻机构往往坚决划清自己与广告商的界限,如今它们正拼尽全力地把所谓的"原生广告"(native advertising)粉饰为新闻。雇主为了提升新闻的影响力,要求记者将原本标准、专业的消息简化,以耸人听闻的手法,或个性化的方式加工处理后发布到社交网站上,这种时刻,报道和营销之间的界限变得不再泾渭分明。

同时,"民主"对于新闻工作者和政客们来说,已经成为一种象征性的话语,常常被虔诚地援引但得不到准确的理解。为了有效地思考新闻业与民主的关系,或二者应该是什么关系,我们必须考虑这种话语在我们的头脑中究竟意味着什么。正如法里德·扎卡里亚(Fareed Zakaria)在1997年指出的那样,在一个"非自由式民主"(illiberal democracy)复兴的年代,我们应该认识到"民主"实际上是对"自由式民主"(liberal democracy)的一个具有误导性的简称,当然"自由式民主"也是一个长期以来愈加模糊而神秘的短语。①"自由式民主"并不是指政治自由主义者比政治保守主义者更青睐的民主;它指的是一种以选举为中心的大众化政府形式,它将对个人自由的保护作为深刻的期望和传统纳入宪法与法律程序,即便是选举中的多数派成员都不得轻易表示否决。自由式民主不仅是竞争性选举制度——事实上,阿道夫·希特勒也是竞争性选举制度的结果,它还是一种限制政府权力的制度——即使这类政府是在竞争性选举中由多数派选举产生的,它也不允许有人践踏那些不属于多数派的个人和团体的权利。

对我来说,思考新闻业民主角色的原始参考书仍然是沃尔特·李普曼(Walter Lippmann)于1922年出版的《公众舆论》(*Public Opinion*)。李普曼在一个世纪前的独特观察,仍然可以为百年后的我们提供一些警示。我在第二章提到其中之一,在我的"玄幻"写作中,我觉得李普曼的魂灵想告诉我们的是《公众舆论》中那句广为流传的比喻,即"(新闻业就像)探照灯的光束,永不停歇地到处巡视,把一个接一个的事件从黑暗中带入人们的视野",随后,为引起读者的注意,李普曼在后面紧跟着加上

---

① Fareed Zakaria, "The Rise of Illiberal Democracy," *Foreign Affairs*, November/December1997.

了那句名言:"但,新闻业不能代替制度。"①在 2017 年和 2018 年的历史语境中,唐纳德·特朗普执政的美国、脱欧时期的英国、维克多·欧尔班(Viktor Orbán)执政的匈牙利、雷杰普·塔伊普·埃尔多安(Recep Tayyip Erdoğan)执政的土耳其、本杰明·内塔尼亚胡(Benjamin Netanyahu)执政的以色列、弗拉基米尔·普京(Vladimir Putin)执政的俄罗斯,人们都有着类似的忧虑。在德国、丹麦、荷兰、法国和奥地利,极端右翼势力也在逐步接近权力中心,我们必须认识到制度的重要性。在所有制度中,最重要的是独立的司法机关和独立的新闻业。独立的司法机关是法治的保障,它宣誓忠于公共服务而不是在职的总理或者总统;独立的新闻业则致力于追寻真相,并保护个人自由免受权力的倾轧。

缺失民主元素的民粹主义政权,也会缺失对独立媒体的尊重。最近一项关于拉丁美洲左翼民粹主义总统如何使用推特的研究发现,他们在推文中既痴迷于回应最新消息,也同样痴迷于攻击敌人,其中最突出的攻击对象是新闻媒体。民粹主义领导者最不能容忍的似乎就是独立思想者或者独立机构。他们生活在摩尼教的二元世界中:如果不是同志,就是敌人。一切利益都是私利,一切学识都仅仅是权力的伪装。

对于许多政治理论家来说,自由社会的光环在于国家、市场和家庭私人生活之间的空间——在最好的情况

---

① Walter Lippmann, *Public Opinion* (New York: Free Press, 1997 [1922]), p. 229.

下,是充满活力的社会生活或"公民社会"的繁荣,但是,这种情景完全不被民粹主义领导人所承认,甚至更恶劣的是,会遭到他们的诋毁。这些诋毁中伤通常集中针对新闻机构,不管这些机构是营利性的、国家资助的还是慈善捐助的。当然,这并不令人惊讶,但是,它的腐蚀性丝毫不比我们预想得低。自20世纪中叶以来,新闻业取得巨大的如双刃剑般的发展——这就是我所说的"客观性2.0"的兴起,它使新闻业备受鼓舞。在第三章中,我介绍了新闻业作为一种专业在美国兴起的原因。这是由于在20世纪20年代新闻业达到了具有自我意识的阶段,这就是我称之为"客观性1.0"的源起。当20世纪20年代的记者们从事新闻报道时,他们感觉他们要挣扎着使自己漂浮于水面,避免被国家宣传和企业公关这样的水下鲨鱼所侵害,这些鲨鱼为了自身的目的恨不得把独立新闻机构撕成碎片。美国记者为了自我保护,习惯于核查事实真相。他们在报道中引用一段民主党人的发言,一定会再匹配一段共和党人的言论,这种报道中的平衡策略,可以防止他们的新闻被那些"鲨鱼"捕获。这促进了20世纪50年代新闻业的成熟和自信。

但是,在20世纪60年代末和70年代,客观性2.0只是覆盖在客观性1.0之上,而没有将其消除。按照客观性2.0的原则,新闻变得更加具有探究性和分析性,它鼓励记者在报道中提供有助于理解事件的背景信息,而不仅仅是对昨天所发生事情的平淡叙述。在报纸的报道中更加强调解释性,这在报界有时是必要的举措,它给读者带来了不能从电视上看到的信息,这并不仅仅是经济上的考量,还是强大的文化变迁的一部分。客观性 2.0 新闻除了更有进取心和调查性,更有分析性,当然还更有负面性。20 世纪 60—90 年代,新闻界对总统候选人的批判倾向越来越明显——我要强调的是,它对两党总统候选人的负面报道都增加了很多。托马斯·帕特森(Thomas Patterson)对于《时代》(*Time*)周刊和《新闻周刊》(*Newsweek*)报道的分析发现,1960 年对于总统候选人约翰·F. 肯尼迪(John F. Kennedy)和理查德·尼克松的评价指标中,有 75% 是正面的,但在接下来的 32 年里,这些指标变得越来越负面而且再也没有达到 75%;1992 年对比尔·克林顿(Bill Clinton)和乔治·布什的评价只有 40% 是正面的。① 这是为了对权力——左和右的权力——问责,即《华盛顿邮报》(*Washington Post*)前执行主编小莱纳德·唐尼(Leonard Downie, Jr.)和他的同事罗伯特·凯泽(Robert Kaiser)所说的"问责新闻"。②

佩雷斯-佩纳对于特朗普《旅行禁令》修正案的报道,很大程度上用的是客观性 1.0 的复杂版本,但是"均由巴拉克·奥巴马总统任命"这句话在提供事实之外同时给予了解释,并不一定是佩雷斯-佩纳的解释,却给读者提供了一种他们可能想到也可能没想到的解释,这是微妙的一步棋。当记者们清醒地意识到,新闻需要背景信息才容易被理解时,新闻报道进入了客观性 2.0 版本。记者

---

① Thomas Patterson, *Out of Order* (New York: Alfred A. Knopf, 1993), p. 20.
② Leonard Downie, Jr., and Robert G. Kaiser, *The News About the News* (New York: Alfred A. Knopf, 2002), pp. 7-8, 108.

工作的一部分就是补充报道中涉及的背景信息，在其中记者必然会作出决定，并且练习判断，在此过程中并没有唯一的最佳实操方法。但是专业人员至少经过训练，有一定经验，在编辑部团队的支持下，面对相同的新闻素材，他们会比大多数业余人士做得更好。

新闻记者必须能够作出判断。他们致力于完成的任务就是要做好这一点。他们认识到，至少是断断续续地认识到，前进道路上的陷阱。新闻记者——与进行公民教育的老师、改革者、学者和爱国演说家一道，很少意识到，他们很难接受新闻业的更大目标是实现和加强民主，因为在他们的眼中，"民主"仅仅是在竞争性选举中的多数获胜。美国的建国者们并不是在寻求这种意义上的民主（实际上他们是在努力地避免它）。美国的宪法也不是建立在这种民主意义上的文本（有关美国历史上不断变化的公民权和民主理想的概述，请参阅第八章）。今天，当民主被剥夺了"自由"这一修饰语时，新闻记者就不应该再与民主打交道。他们应该拥护的是"自由式民主"。为了自由，为了对少数群体的保护，为了社会公序良俗的发展，记者们应该帮助我们重新学习这些公共价值。

只有部分收入本书的文章充分认识到这一点。出于一些显而易见的原因，只有最近完成的一些文章才认识到匈牙利、土耳其、俄罗斯和其他一些地方数年来或者数十年来一直存在的问题，如今也成了美国人的问题。在这一点上，特朗普先生赢得美国总统大选的胜利，就像英国的脱欧公投一样，提供了极为清晰的证明。从现在起，即使唐纳德·特朗普通过弹劾程序被免职或者不能连任,美国人显然再也无法免受粗俗的非自由主义的影响。

何谓"自由式民主"之"自由"?

所谓"自由式民主"之民主,即允许两个或者更多的政党参选,并且保障公众和政党能够享有言论自由、结社自由的权利以竞争公职,"自由式民主"赋予公众在公职人员的选择方面发挥重要作用的权利。而所谓"自由式民主"之"自由",则是以承认公民的公共和政治权利为底线,赋权于选举产生的领导人;它同时要求尊重政府权力分立,以此确保公民的这些公共和政治权利受到保障;再有,就算违背公民的选举意志,它也要依法保护机构和个体的权益。

如果记者想要通过自己的工作来帮助人们建立一个良好的社会,他们就应该明白"自由式民主"的明确含义。他们应该经常提醒他们的受众,在自由式民主社会中,人们通过选举赋予可信任的领导人巨大的权力,但这一权力是一种有界限、有限制的权力。新闻媒体当然应该认可民选官员和被任命的官员的合法性,并相应地尊重他们,但同时应当只给予他们暂时的信任。不过,民主国家的领导人当选不是为了满足个人的意愿,而是为了履行公职的责任。

只有在有健全的问责网络的社会中,民主国家的领导人才能履行其应有的社会职责。这套问责制度表现为政府内部有一套准独立的审计和监察机构;公民社会中也有一系列的独立机构,它们拥有审查和批评的权力,并随时做好与它们发现的有犯罪行为或玩忽职守的民选官员对簿公堂的准备;还包括有权力、有权威,更有专业精神和坚韧不拔的决心去曝光执政者缺点的新闻机构。

我想大多数美国人——当然也包括众多目光紧盯着今天的华盛顿的美国记者——和希拉里·罗德姆·克林顿(Hillary Rodham Clinton)一样,对 2016 年大选中发生的"那件事"感到困惑不解。我们原以为我们对这个国家相当了解,但最终却尴尬地意识到这种了解是如此有限。我们感到头昏脑涨、胃部痉挛,对于基于宪法的选举结果,我们是如此地难以接受——尽管我们逐渐认识到,这次选举是有问题的,即便特朗普的胜利不是窃取来的,他的获胜也受益于俄罗斯人的介入——这种介入,似乎受到特朗普阵营官员,包括小唐纳德·特朗普在内的欢迎和鼓励。他们在一座特朗普大厦会见了一名俄罗斯人,后者承诺提供有关民主党总统候选人希拉里·克林顿的犯罪信息。在会面两天之后,小唐纳德与他的父亲通了电话(电话两端都有律师旁听),表示他不愿意在国会调查人面前讨论这件事。当然,问题的关键是小特朗普和他的父亲说了什么,或者用"水门事件"的话语方式来说,候选人自己知道了什么? 他是什么时候知道的?①

不幸的是,2016 年美国总统大选可能会在历史书中留下引人注目的一笔。

回头看,自由主义的观点已经极大程度上导致了美

---

① Sharon LaFraniere and Nicholas Fandos, "Trump Jr. Won't Provide Details of a Call with His Father," *New York Times*, December 7, 2017, p. A18.

国民主实践的巨大失败。无论是左翼还是右翼，都有一种对"公众情绪"虔诚又陈腐的顺从。"主权在民"是20世纪60年代左翼学生的先进口号。但是如果简单的多数决定规则是以反自由主义为出发点的，那么它就没有什么是值得赞扬的——例如新闻媒体中不计后果的垃圾新闻、仇外心理、种族歧视，它们漠视宪法，蔑视通过正式选举或被任命的法官认真做出的工作决定。自由主义虽然被大肆宣扬，但有谁强调过自由式民主不等于"少数服从多数的原则"？倡导"协商式民主"（deliberative democracy）或"参与式民主"（participatory democracy）有助于创造新的政治参与形式，其中有些甚至是非常有用的。但是，对这些改革的评判，不应该基于其背后的动机是否单纯，而应该建立在其实际产生的效果上。大多数人都提倡提高人民在民主制度中的参与度，并希望政府工作更加公开透明，我承认他们的动机是单纯的。但是一旦"参与度"和"透明度"变成不容置疑的口号时，我们就应该立刻认识到它们一定出了什么问题，同时，我们应该保持高度警惕，以保护民主制度的完整性，使其免受狂热公投的影响。

一方面，参与式民主和多数决定原则存在差异；另一方面，责任民主制和宪法原则也存在差异。自由主义者为抨击专家做好了十足的准备，他们甚至非常怀疑这个世界上是否真的存在专业知识这种东西。我在本书的相关文章中坚持认为，新闻业在过去的一个世纪中追求的职业价值观已经成为其核心，它提供了一种虽不完美，但经实践证明有效的专业模式。无论是左翼还是右翼，都认为知识是权力的伪装,这当然不对。真正的挑战是不要让大家简单地高呼"无党派是骗局,知识都是权力的伪装"(否则我们怎么知道这句话本身是不是谎话呢?——如果所有的知识都是欺诈,我们自己所宣称的"所有的知识都是欺诈"又如何可信呢?)。我们要做的是理解人类在知识建构中的局限性。而且,随着时间的推移,一些知识系统会不断地证明它们是可靠的,而另一些知识系统则会被淘汰。我们不妨先接受怀疑论者或愤世嫉俗者的观点,即世界上没有一个完美的事实收集和事实解释系统,我们开始于此,却不能止步于此。

当我以社会学家兼历史学家的身份在哥伦比亚大学新闻学院教学时,我认为有两个词语很神圣。一个是"报道",你的职责是通过"报道"去找寻真相。做一篇"深度报道"。"逆着自己的假设去报道"——这就是说,记者要调查和探究那些可能与自己预设不一样的立场及观点。这是客观性1.0的基调,它依然很重要。

另一个在普利策大厅同样神圣的关键词是"故事"。你必须对你调查任务的语境和背景足够了解,并且充分了解其在更广阔世界中所处的位置,以构筑能让事实的血肉附着其上的骨架。

报道语言和故事语言在新闻学院与新闻编辑室内流通,没有多少人关注到它们之间不可避免的冲突——报道语言要求新闻工作者完全地抑制评判,而故事语言却需要抉择、挑选和判断。这需要的不是也不应该是个人的或党派的评判,而是专业的判断。关于这一点,我的主张很简单:新闻界有这样的专业素养。新闻工作者们有一种职业精神——不是所有的记者,而是有一类记者——他们以自己基于证据的报道为荣,无论他们被带领到何方、无论他们个人的政治观点是什么,都以遵循事实为荣;不管故事导向何方、不管故事会冒犯到谁,他们仍然会以遵循"故事"本身的发展为荣。客观性2.0没有消除这种责任,但确实使它复杂化了。在事实之外,解释变得越来越必要、越来越显著,新闻变得更具有阐释性,评判变得越来越普遍,人们对评判的捍卫也更加普遍。

没有人能够完全摆脱自己的立场,但是我们可以尽量去努力。举个例子,我们都知道出于忠诚和希望,我们都会高估我们喜欢的运动队这周的比赛成绩。但是如果我们在这场比赛上打了赌,押上了真金白银,我们一般就可以减小这种认识偏差。一般情况下,我们可能会对医生的职业素养嗤之以鼻,说他们为了赚钱会给病人多开药,或向病人推荐昂贵的手术,而不是真正的治病救人。但在危在旦夕之时,我们还是会信任医生,而不是相信我们自己、伴侣或者酒友。无论在理论上我们如何强调现代医学的不足之处,在紧急情况下,大多数人还是更信任专家,而不是自己的直觉和偏好。

再举个不同的例子,当学生向老师、孩子向父母,或者朋友向另一位朋友寻求意见的时候,老师、家长和朋友或许会说"我没法告诉你该怎么做,但如果我是你的话"。这种"如果我是你"的思维实验是努力跳出个人立场的一种精准实践。有些人相比其他人更擅长换位思考。在你的圈子里,你知道这些人是谁,而在我的圈子里,我也同样知道。我们便依此更倾向于向他们寻求建议。

在新闻业中,专业素质是指超脱个人立场或政治倾向,而去完成职业使命的素质。这种职业使命就是服从事实,不受政治因素或其他偏好的影响。主流专业主义的失败之处不在于其将政治置于事实之上——专业记者总会把事实放在第一位,而在于主流媒体的记者对新闻与理性认知的集体性无意识和自以为是。职业记者并不会把所有的现象都视作"新闻",事实上,新闻记者和他们的同事、合作伙伴、朋友、家人以及邻居均形成了一种无意识假设,在这种假设下,有些故事不能入他们的法眼,自然也就被专业记者忽视了。因此,正如我在第四章中所说,所谓的主流媒体存在一种危险性,他们理所当然地接受一些关于"理性的人们会思考什么"的未经证实的假设,他们可能还自命清高,将一些非常理智的人排除在他们认为理性的圈子之外。

如果一个记者有很明显的党派倾向,那么接下来的故事可能会让他不太舒服,因为它可能会揭示关于受欢迎的政策或个人的令人不愉快的真相。当希拉里·克林顿还是国务卿的时候,她使用私人电子邮箱处理国家事务,其中一些还是高度机密的,这条报道是从哪里来的?它来自《纽约时报》的记者。关于民主党重要"金主"哈韦·温斯坦(Harvey Weinstein),公众又是从哪里知道对他的多项性骚扰指控的呢?是从《纽约时报》和《纽约客》(*The New Yorker*)。我不怀疑《纽约时报》的大多数记者有自由派倾向,我怀疑的是记者是否在写作上放纵了这种自由。在一个高度政治化的时代,如果他们认为"均由巴拉克·奥巴马总统任命"这句话是重要的相关信息片段,那么它就会被添加到新闻故事中。而且，如果它出现的目的就是要提醒特定的一些读者——他们总是对法官的执法将信将疑，这样的短语就一定会出现在新闻中。

在这样一个网络传播如此发达，社交媒体交流如此频繁，人们很难记住他们的信息来自哪里的世界，专业新闻是否还有一席之地？这些信息是来自一位朋友？还是一位朋友的朋友？还是来自传统的报纸、电视或电台在网上的化身？其中一些会不会是在网络上流传的耸人听闻的假新闻和假消息？专业新闻机构的相对权威地位是否已经消失了？

互联网似乎提供了一种可以取代专业精神和专业技能并能进行自我修正的群众智慧。然而，无论是对于唐纳德·特朗普的忠诚追随者，还是对于自由主义或民主乌托邦主义的热衷者来说，这种看法都是一种误读，我给出的理由非常简单。什么样的新闻会使总统或国会议员、州长或市长、公司高管们在法律或公众舆论的压力下作出回应？网上有不计其数的线上交流，既包括电子邮件、脸书和推特，还包括读者写给网站的评论。人们在TripAdvisor上进行评价，还会对"孕妈宝典（What to Expect When You're Expecting）"中关于怀孕、婴儿的信息进行讨论。总而言之，这种交流的爆炸式发展，在我看来，已经在医疗信息的扩散、对失恋问题的建议、提供人们感兴趣的旅游之地的信息，以及告知人们如何联系罕见病病友等各个方面，都提供了惊人的便利。但是，在如此海量的信息中，有多少非专业记者所生产的东西，能迫使那些有影响力的个人和机构作出回应呢？

我猜测，答案是很少或根本没有。相比之下，作为总统国家安全事务助理，迈克尔·弗林（Michael Flynn）的短暂职业生涯，因《华盛顿邮报》的报道而终结。① 而白宫通讯联络办公室主任安东尼·斯卡拉穆奇（Anthony Scaramucci）短暂的职业生涯，是被《纽约客》提供的新闻事实迅速摧毁的。② 还有"政治"（Politico），一个主要从事政治新闻报道的网站，成立于2007年，现已有500多名员工。政治新闻网曾报道美国卫生与公众服务部部长汤姆·普赖斯（Tom Price）经常利用公款乘坐私人飞机旅行的事实，他共花费了联邦政府40万美元，而他本人也因此事下台。③ 在后来的一篇报道中，政治新闻网的记者发现，至关重要的联邦卫生机构，在控烟运动中扮演重要角色的美国疾病控制与预防中心（CDC），其主任布伦

---

① 关于弗林的报道，以及特朗普总统攻击《华盛顿邮报》的报道，参见《华盛顿邮报》执行主编马丁·巴伦（Martin Baron）于2018年2月16日在牛津大学发表的纪念路透的演讲稿，网址为 https://www.washingtonpost.com/pr/wp/2018/02/19/washington-post-executive-editor-martinbaron-delivers-reuters-memorial-lecture-at-the-university-of-oxford/。
② 安东尼·斯卡拉穆奇之事的败露，是由于他打电话给《纽约客》记者瑞安·利扎（Ryan Lizza）时完全没有意识到或没有真正注意到对方在全程录音，利扎录下了所有对话，揭露了这位白宫高级官员满口污言秽语的丑态。参见瑞安·利扎：《斯卡拉穆奇叫我别说》（*Scaramucci Called Me to Unload*），载于《纽约客》，2017年7月27日，网址为 https://www.newyorker.com/news/ryan-lizza/anthony-scaramucci-called-me-to-unload-about-white-house-leakers-reince-priebus-and-steve-bannon。
③ 汤姆·普赖斯一事，参见政治新闻网的记者丹·戴蒙德（Dan Diamond）和拉查纳·普拉德汉（Rachana Pradhan）做的系列报道：《破纪录：普赖斯的私人飞机旅行》（*Price's Private-jet Travel Breaks Precedent*），也可参见两位记者关于他们如何制作系列报道迫使普赖斯引咎辞职的记录，网址为 https://www.politico.com/magazine/story/2017/10/04/how-we-found-tom-prices-private-jets-215680。

达·菲茨杰拉德(Brenda Fitzgerald)博士购买烟草公司股票的事实,这一新闻促使她不得不在 24 小时内辞职。① 还有伦敦的《每日邮报》(Daily Mail)曾报道,白宫秘书罗布·波特(Rob Porter)的两位前妻都提出指控,表示她们在婚姻期间曾受到他在身体和精神上的虐待,他虽然否认了这些指控,却在第二天就辞去了公职。② 在这每一个案例中,都是老牌报社或新兴线上新闻机构的专业记者提供的事实带来了巨大的后续影响。

请记住这些名字——弗林、斯卡拉穆奇、普赖斯、菲茨杰拉德、波特——这些政府高官是因为职业记者的曝光而倒台的,因为职业记者们收集了能严重影响这些政

---

① 布伦达·菲茨杰拉德一事,参见希拉·卡普兰(Sheila Kaplan):《美国疾病控制与预防中心主任布伦达·菲茨杰拉德博士辞职,涉嫌烟草和其他投资》(*Dr. Brenda Fitzgerald, CDC Director, Resigns Over Tobacco and Other Investments*),载于《纽约时报》,2018 年 1 月 31 日,原创报道来自政治新闻网。另一篇原创报道来自萨拉·卡林-史密斯(Sarah Karlin-Smith)和布里安娜·埃利(Brianna Ehley):《特朗普的高级卫生官员在开展禁烟工作期间从事烟草股票交易》(*Trump's Top Health Official Traded Tobacco Stock While Leading Anti-Smoking Efforts*),政治新闻网,2018 年 1 月 30 日,参见 https://www.politico.com/story/2018/01/30/cdc-director-tobacco-stocks-after-appointment-316245。
② 罗布·波特一事,参见 DailyMail.com(2018 年 2 月 12 日),还可参见对他的第一任前妻科尔比·霍尔德内斯(Colbie Holderness)和第二任前妻詹妮弗·威洛比(Jennifer Willoughby)的采访,网址为 http://www.dailymail. co. uk/news/article-5359731/Ex-wife-Rob-Porter-Trumps-secretary-tells-marriage.html。也可参见专栏作家玛格丽特·沙利文(Margaret Sullivan)发表在《华盛顿邮报》(2018 年 2 月 12 日)上的评论:《真相能否胜出? 罗布·波特的离去是特朗普时代打开新闻监督之门的钥匙》(*Will Truth Win Out? Rob Porter's Departure Holds a Key to Effective Journalism in the Trump Era*)。

府高官名誉的可靠信息。这里还要说到一个著名的案例,有关好莱坞金牌制片人哈韦·温斯坦,多年来他多次性侵女下属或想受雇于他的女性,《纽约时报》和《纽约客》曝光了这件事,引发了在美国乃至全世界流行起来的"♯metoo"运动。在这一运动中,专业新闻机构继续扮演着至关重要的角色,使"♯metoo"运动从好莱坞扩展到餐饮业、学院和大学,以及古典音乐界、建筑学界和新闻业等领域。

那么,白宫或其他权力中枢迫于压力回应来自非专业渠道的新闻的频率有多高呢?这个问题我还没有研究,不过我有一个假设:至少在美国的案例中,权力中心几乎不引用非专业的信息。不过,维基解密可能是一个例外。维基解密的创始人和领导者朱利安·阿桑奇(Julian Assange)不是某一党派的政治官员,而是一个反对所有权力的改革者。他在言行上似乎是一个无政府主义者,而不是一个专业的记者。但即使是阿桑奇,这个引人注目的世界名人,也是在与多国主流媒体合作,并通过它们发表文章时,才发现了自己巨大的吸引力。

正如李普曼在1922年所说的那样,新闻媒体的问题之一:民主"没有在可靠的世界图景下行事,在反对民主日渐明显衰退、反对暴力性歧视、反对社会人情冷漠,以及反对民众偏爱的稀奇古怪的琐事和毫无价值的报道方面,政府、学校、报纸和教会几乎毫无进展。民众如饥似渴地追求着花边新闻和奇闻异事"①。

---

① Walter Lippmann, *Public Opinion* (New York: Free Press, 1997 [1922]), p. 230.

接下来笔者并不打算详细叙述人们追求怪异事件的这种偏好，因为大家对这种花边新闻的泛滥毫不担忧，大家心宽到选举出一个哗众取宠的人为美国总统的地步。担任总统的人不再需要赢得尊重，一定程度上也不再需要服从于传统和公职的尊严，他更加擅长经营房地产和运营电视节目。当然，这种现象不完全是大众口味导致的——新闻机构也在迎合大众的口味。这种偏好甚至出现在权威的新闻机构中，包括《纽约时报》和《华盛顿邮报》。这些新闻机构鼓励——本质上来说是要求——它们的记者把自己采集的故事发布在社交媒体上，再以社交媒体专家的形象出现在公众面前（依然在社交媒体上），使出浑身解数去讥讽、诟病、挑逗、怒骂、取笑，以极力宣传它们最新的报道，不管报道最后招致怎样的结果。

这些新闻机构是向受众的偏好屈服了吗？还是出于对利润的追求向他们所怀疑的受众口味低头了呢？抑或是想保护它们的记者和编辑，不再发表在今天看来等同于奇闻异事的报道——比如某个教皇支持唐纳德·特朗普成为总统，或者是希拉里·克林顿协同儿童性虐待团伙在比萨店外施暴。"新闻"总是因对奇闻异事的品位而兴盛，我们在不同程度上都有这样的嗜好。新闻记者不希望简单地告知信息，像尽职尽责和缺乏创意的学校教师那样，他们总是想让世人大吃一惊。似乎总有一些奇怪的、令人难以置信的或匪夷所思的事情，被证明是完全真实的。其实，早在互联网出现之前，新闻工作者们就试图在读者中引起"注目",而不是"理解"。① 相比国会或议会最近对新税法进行的全面分析,那些可以引起人们震惊的新闻报道更容易受人喜欢、让人点赞,也更容易让其他网站转载。长期以来,我们一直将"新闻"作为闲聊的话题,税法改革当然不会是开启对话的由头。

作为回应,就像沃尔特·李普曼在 1920 年所做的那样,在《自由与新闻》(Liberty and the News)一书中,他呼吁为独立的智库(李普曼称之为"政治观象台")——大学研究所和新闻院校提供更高标准的新闻。他承认,在许多人看来,这是"大千世界中不起眼的一隅"。然而,李普曼接着说:"我相信,我们将通过为真理而战,而不是为我们的理论而战来取得更大的成就。这是一种更崇高的信仰。它是平凡的,但它也是不可抗拒的。"最后,他总结说:"以更高的准确性和更有成效的分析性进行公共信息管理,是通往自由的大道。"②

本书中收集的论文——其中五篇是首次发表——试图将重点放在这条大道上,这条道路对于"自由式民主"至关重要。事实上,新闻业在这条路上并不孤独,而且比以往任何时候都有更多的同行者。同时,(美国)公民社会也更丰富,大学研究的规模也更广泛。一些公民个人

---

① Peter Parisi, "Astonishment and Understanding: On the Problem of Explanation in Journalism," *New Jersey Journal of Communication* 7 (1999), p. 7.

② Walter Lippmann, *Liberty and the News* (Princeton: Princeton University Press, 2008 [1920]), pp. 58-59. The title essay, "Liberty and the News," from which I have quoted here, first appeared in *The Atlantic Magazine*, December 1919, pp. 779-786.

自愿提供未经规范,但通常非常实际的专业知识,用于编辑维基百科词条或创建自己的博客,这也是非常重要的。同样不可忽视的是类似于"总监察长"这样的政府机构,以及其他不仅对政府负责,而且对公众负责的内部监察部门。更高的准确性和更有成效的分析性是这些传播机构的工作,它们共同组成了一个负责审核权力的网络。那么专业新闻业呢？对于民主而言,作为共同组成这个网络的许多迥然不同、互不相关的机构的共同论坛,专业新闻业已经开始变得越来越关键。新闻业作为公共空间,不仅在选举时期,在全年都会引发公众关注、公众监督,甚至引发治理方面的公众参与。新闻业是一个关键的制度安排,因为正是通过新闻,公众得以了解其他责任机构的工作——从（美国）公民社会中由各种宣传组织提起的诉讼案件,到由政府总监察长任命的政府代理人负责的审计。这些新闻就出现在新闻媒体中,特别是那些享有声望和影响力,分布在首都华盛顿和各州首府,使政府领导人被迫作出回应的新闻媒体。

如果没有了新闻业提供的这种服务,"自由式民主"的实践作为一种治理形式,从本质上想要约束民选领导人的权力,虽然有可能实现,但过程将十分困难。行政权力的限制是通过政府部门内部权力的分配,以及州级或省级政府与国家或联邦政府权力的分配,还有用宪法对最有权力的官员进行约束来实现的。当然这一切都是为了使那些可能想要篡夺法定权力的民选领导者也不得不承担公共责任,否则,他们就会在下一次选举中被选民普遍抛弃。

各种形式的新闻业,包括党派新闻业,都可以为这一努力作出贡献。但是从长远来看,为了使公共讨论摆脱人们的固有立场,为了使政府官员对于他们自身作风腐败或违宪、举止鲁莽、行事不明智的指控能作出回应,这些信息必须源自那些新闻组织——它们在信息核对、事实核查、独立性和原创性上坚持最高的标准——而且,如果它们的记者发现自己弄错了,会迅速作出严肃的更正。这就是专业新闻业追求的最高境界。与那些没有受过训练的业余人员相比,受过训练的新闻记者更有希望达到这一境界。

第一编

新闻业历史溯源

第一章
追溯14或15代：作为文化形态的新闻和作为历史形态的新闻业

本章内容最初是作者在新闻与大众传播教育协会（Association for Education in Journalism and Mass Communication）年会上的发言，之后又于2013年公开发表在《美国新闻学》（*American Journalism*）上。

长久以来，历史学家都致力于剖析时代主题，分析其变化和连续性的相对重要性，以确定历史长河中时代的转折点和变迁期。

不同的思想家对于这些问题持不同的立场，但是专业的历史学家通常会更乐于关注并尝试解释时代的变化，而不是其连续性。

然而，作为杰出记者、美国新闻业的杰出阐释者和职业领航人，比尔·科瓦奇（Bill Kovach）和汤姆·罗森斯蒂尔（Tom Rosenstiel）更注重美国新闻历史的连续性。他们在《新闻的十大基本原则》（*The Elements of Journalism*）这本极具影响力的著作中声明了这一点。在这本书中，他们首先将自己的观点与媒体学者詹姆斯·凯里（James Carey）的观点联系起来，并阐释为"最终，新闻只不过是对人们日常谈话的延续和放大"①。这其中有一种永恒的、令人感到欣慰的真理性原则。科瓦奇和罗森斯蒂尔接着补充说,这一定义"在历史上是如此一致,长久以来,它深深扎根于那些新闻从业者的思想中,无可置疑"②。接着,他们又继续说道:"历史上,新闻价值的基本标准也几乎不曾变化。"

而我却要质疑这种论断。科瓦奇和罗森斯蒂尔还引用了记者和新闻学者米切尔·斯蒂芬斯(Mitchell Stephens)的概括:

> 新闻报道关注的基本话题……以及评价新闻价值的基本标准,似乎变化不大。在人类的历史和文化进程中,新闻的内容鲜有改变,似乎所有人都对新闻感兴趣(如果这种兴趣不是与生俱来的,也是在历史文化进程中形成的)。③

如果这是正确的,那么就真是"太阳底下无新鲜事"——新闻价值的标准至少没有发生过特别重要的改

---

① Bill Kovach and Tom Rosenstiel, *The Elements of Journalism* (New York: Three Rivers Press, 2007), p. 12, quoting James Carey, A Critical Reader, ed. Eve Stryker Munson and Catherine A. Warren (Minneapolis: University of Minnesota Press, 1997), p. 235.
② Kovach and Rosenstiel, *The Elements of Journalism* (New York: Three Rivers Press, 2007), p. 12.
③ Kovach and Rosenstiel, *The Elements of Journalism* (New York: Three Rivers Press, 2007), p. 15, quoting Mitchell Stephens, *A History of News* (Fort Worth, TX: Harcourt Brace College Publishers, 1996), p. 27.

变,也没有任何改变可以触及新闻的基本原则。

但这是不对的。如果你回顾本杰明·富兰克林(Benjamin Franklin)在18世纪初(1729年)创办的《宾夕法尼亚公报》(*Pennsylvania Gazette*),你会发现,就像当时仅有的其他几家报纸一样,它主要刊登的是海外新闻(根据我们现有的最深入的研究,它刊登的所有新闻中超过90%是海外新闻,涉及费城和宾夕法尼亚当地内容的只有6%)①。富兰克林的报纸中几乎没有反映地方社交的内容。而在法国乡村发行的报纸关注的则是"国家或广泛领域的内容,而不是地方的、特定的话题"。关注地方新闻的地方报纸从19世纪70年代才开始普及。② 在印度,地方新闻也是从20世纪70年代初才成为报纸的主要内容。在那之前,正如一位见多识广的观察家所言,印度人"还没有把媒体看作与自己密切相关的东西"③。这也许是一个不多见的例子,因为印度媒体使用的文字,甚至都不是大多数印度人所说的任何一种语言——如果你不说这种语言,又怎么能加入当地人的谈话呢!但是,这确实不是孤例,在许多国家,报纸甚至广播机构从创立

---

① Charles E. Clark and Charles Wetherell, "The Measure of Maturity: The Pennsylvania Gazette, 1728—1765," *William and Mary Quarterly* 46, no. 2 (April 1989): 279-303.

② Eugen Weber, *Peasants into Frenchmen* (Stanford, CA: Stanford University Press, 1976), pp. 468-469.

③ Robin Jeffrey, *India's Newspaper Revolution: Capitalism, Politics and the Indian Language Press*, 3rd ed. (New Delhi: Oxford University Press, 2009), p. 87, quoting Swaminath Natarajan, *History of the Press in India* (New York: Asia Pub. House, 1962), p. 323.

之初就没有考虑到,更不用说在新闻报道的实践中考虑当地人的口味和利益。

我们需要考虑的是,记者报道的所谓新闻——公众人物的私生活,是否是如同科瓦奇和罗森斯蒂尔所说的"穿越历史的一贯做法",或是斯蒂芬斯所言的"贯穿历史和文化变革的一贯做法"。我猜想,1940年总统候选人的婚外情或许会引起许多人的极大兴趣,但对记者而言,那不是新闻。记者们很清楚,共和党候选人温德尔·威尔基(Wendell Willkie)与《纽约先驱论坛报》(New York Herald Tribune)的书评编辑艾丽塔·范·多伦(Irita van Doren)有染。① 但他们没有一个人报道这件事。然而,当加里·哈特(Gary Hart)在1988年争取民主党总统候选人提名时,他的风流韵事可是个大新闻。如何解释这种变化呢?

这是历史学家通常会感兴趣的事情——"随着时间的推移而产生的变化"。形而上学不变论必然对变化保持沉默。那么,为什么科瓦奇和罗森斯蒂尔对寻找新闻界永恒和普遍的东西如此感兴趣呢?他们是如此深切地关注这一假设,即"人们出于本能渴望新闻——所谓的求知本能"。人们需要知道未知的东西,并把新闻用于实践。新闻满足了人们了解他们所处环境的需要。人们"需要知道山的那边正在发生什么,需要了解超越经验之外的事情。对未知事物的了解给予他们安全感,这使他

---

① Charles Peters, *Five Days in Philadelphia: The Amazing "We Want Willkie!" Convention of 1940 and How It Freed FDR to Save the Western World* (New York: Public Affairs, 2005).

们能够对自己的生活进行规划和协商。交换这些信息就成为他们创建社区、建立人际交往的基础"。①

当然,科瓦奇和罗森斯蒂尔的观点中有些是对的。毕竟,至少在八卦新闻中,存在着一些相对永恒和普遍的东西。如果新闻业一直以来都是为公共利益,而不是为保持所谓政治生活的体面,而急巴巴地去压制信息,那么温德尔·威尔基的通奸行为就会像半个世纪之后的加里·哈特的丑闻那样,在媒体上得到广泛讨论。也许这就是科瓦奇和罗森斯蒂尔的想法。但是,如果真的如此,那些战胜了几代新闻从业者直觉的其他力量,就显得更加有趣并值得关注和研究。那么,为什么会这样呢?为什么逐利的报纸要采用有违吸引和服务读者的求知本能的报道规范呢?假定科瓦奇和罗森斯蒂尔没有错,我们能否说新闻业在某些方面确实没变呢?新闻业,至少在不被控制的情况下(当然,这永远不可能),是否总能提供许多类似的信息?这些内容似乎在任何时候都能引起大众的关注,比如有关袭击和谋杀、性和爱情、冲突和竞争、神迹和奇迹、出生和死亡、健康和疾病、留在家门口的婴儿的消息,也许还有一些关于国王、王后、总统和首相的小道消息?如果存在一个完美的新闻世界,它不受政治、文化、智力优越感、职业自豪感、党派忠诚和宗教成见的束缚,那么这些故事会在新闻的历史中不断流传吗?

也许会,也许不会。也许现实对人类来说更加残酷。想想人类学家克劳德·列维-斯特劳斯(Claude Lévi-

---

① Kovach and Rosenstiel, *The Elements of Journalism* (New York: Three Rivers Press, 2007), p. 15.

Strauss)对书写起源的观察。他认为,有一样东西总是伴随着书写的出现:

> 对人类的压迫。这种压迫聚集了数以千计的劳动者,让他们筋疲力尽地完成任务。作为一种交流手段,书写的首要功能是促进对他人的奴役。把写作用于无私的目的,以及在科学或是艺术领域中使人们达到精神上的满足,是书写被发明的次要成果,这种功能的出现甚至可能只不过是为了加强、合理化以及掩饰书写的首要功能。[①]

但是,不管是列维-斯特劳斯所宣称的关于书写的普遍和永恒的真理,还是科瓦奇和罗森斯蒂尔认为的"新闻业是对求知本能的表达和回应",都不能令人满意。在这两种主张里,作者的理念与他们试图弄清的事物都相距甚远。他们这种有关媒介历史的相对不变的视角,似乎更适用于理解海岸线的缓慢移动,或者山脉几乎无法感知的老化。这种地质上的时间观念并不适用于理解在几年、几十年和几个世纪中对我们产生重大影响的变迁。我将为媒介的历史提供一个替代性框架,以代替对普遍性的追求。我提议,我们把新闻看作一种小说、科学实验或奏鸣曲一样的文化形式,它是被一系列活动、惯例和实践创造的,且通常是由一个或是一群专门为此目的而组

[①] Claude Lévi-Strauss, *Tristes Tropiques* (New York: Atheneum, 1969), p. 292.

织起来的人们所完成的。一直以来人类都以食为本,现在有一种活动用于回应这一基本本能,即定居农业,但同样作为一种由一群人统一安排时间和任务,来生产食物的实践与活动,它却绝不是永恒的,而是起源于一万年前的"农业革命"。在西方,新闻作为一种独立、鲜明且持续的人类活动,其历史最早可追溯到16世纪;在组织机构中规范的定期出版物,其主要目的是对海内外公共事件进行传播(而且不是在特定的商人和政府官员群体中传播),则最早可追溯到17世纪。即使到那时,新闻机构也几乎与构建公共生活无关,它是支撑商业世界信息结构的重要组成部分。我们今天所说的新闻业,是与公共生活的建立有关的制度安排,批评和讨论是其职能的一部分。直到所谓的公共领域出现,也就是说直到18世纪,才有能称之为新闻业的出现。

　　如果说"新闻"或"新闻业"意味着拥有普遍的受众,那它直到17世纪的某个时候才会出现,并且那时也是不成熟的;如果说"新闻"或"新闻业"意味着拥有一个保护公共领域中不同意见的避风港,那要到18世纪,而且也是在极少数的地方它才能出现;如果以报社雇佣记者,而不是雇佣制作印刷品或者散播花边消息的人为标准,那要到19世纪,才有真正的所谓新闻业。媒介历史学家的一项任务,就是要理解为什么这种新兴的创造物——为普通读者出版有关时事的定期出版物,会出现在此地(而不是别的地方)以及此时(而不是更早或更晚)。

　　用另一种方式来表明我的主张,新闻业是现代的——也就是说,它不起源于17世纪之前,也不是一种独立发明,而是作为欧洲殖民扩张的产物在世界范围内发展起来的。令人惊讶的是,它在全球的传播受美国革新的影响颇深。美国对其他新闻业的影响可以远远追溯到 CNN 出现之前的 19 世纪,这是另一个故事,但是美国记者发明并在国际上推广了一种名为采访的实践。英国和荷兰学者分别进行的两项研究表明,1880—1920 年,美国新闻工作者创立了现代跨国性新闻话语和新闻形式的基本原则。① 可能科瓦奇和罗森斯蒂尔实际在做的是寻求一种本体论的新闻哲学,但是他们援引历史术语表达

---

① 荷兰媒介史学家马塞尔·布罗尔斯玛(Marcel Broersma)研究了荷兰报刊跌宕起伏的发展历史,发现直到 1945 年之后,荷兰报社才接受了"盎格鲁—美国式传统"的新闻形式。这些传统是什么呢? 它们关注新闻价值,不再提供冗长的按时间排序的会议和事件经过的相关内容,代之以记者们认为的最重要的信息("简短、真实、生动")。在布罗尔斯玛的文章中,最关键的是,他观察到"1945 年之后,记者们不再期待仅仅记录发生的事件,而是要从这些事件中发掘新闻"。参见 Marcel Broersma, "Visual Strategies, Dutch Newspaper Design between Text and Image, 1900—2000," in Broersma, ed., *Form and Style in Journalism: European Newspapers and the Representation of News, 1880 – 2005* (Leuven: Peeters, 2007), pp. 177-198。
在英国,唐纳德·马西森(Donald Matheson)探究了从 1880—1930 年,英国出现的一种独特的"新闻话语"。马西森认为,维多利亚时代大多数报刊都由风格平庸逐渐转变为包含着一种独特的新闻话语的风格,而且新闻中不再呈现原始信息,而是将其呈现为"在本质上是一种知识"的形式,与布罗尔斯玛观察到的半个世纪后荷兰的情形有诸多相似之处。尽管我对以上两篇相当有见地的论文的介绍过于简化,但简要、真实地概括他们的观点有助于我们直观地意识到新闻业出现在美国不过 1 个多世纪,出现在英国也就 1 个世纪,而在荷兰出现则不过 60 年。参见 Donald Matheson, "The Birth of News Discourse: Changes in News Language in British Newspapers, 1880—1930," *Media, Culture, and Society* 22 (2000): pp.557-573。

了他们的追求——根据我对历史的理解,他们至少应该更多地考察各种各样的社会力量,正是这些力量形塑了新闻,随着时间的变迁,促使新闻的构成、传播和产生影响的方式发生了改变,导致不同的国家有完全不同的新闻业。

人类从古至今都是一种热衷于闲谈的动物。无论是以前还是现在,人们总爱跟旅行者打听他们的所见所闻。但并不能说,我们有新闻业是因为人们总想增长见闻、谈天说地,这就好比,不能说我们有奏鸣曲,是因为作曲家发现群山中充满了音乐的气息。我们做对照实验,也不是因为人们总是对自然界充满好奇。求知本能不能解释新闻业或科学,正如创作"奏鸣曲的本能"不能解释奏鸣曲一样。新闻故事,和奏鸣曲、控制实验一样,是一种特定的现代文化形式。报纸作为第一种定期出版、普遍发行、面向大众的新闻载体,是一种对民主具有特殊意义的文化形式。正是通过报纸并且就是在报纸中,一种被称为"公共领域"的独特的现代社会结构应运而生。

在过去的两个世纪里,当我们开始思考新闻业,并开始重视它时,新闻业已经成为启蒙运动的一部分,并被启蒙运动的精神所塑造。启蒙运动的支持者一直持有一种令人兴奋和相当自信的观点,认为所有的知识问题都可以通过客观方法和合理程序一劳永逸地得到解决。[①] 正如历史学家以赛亚·柏林(Isaiah Berlin)所解释的,启蒙运动宣告"理性的自主性和自然科学的方法,建立在以观

---

① Isaiah Berlin, "The Counter-Enlightenment," in Berlin, *Against the Current: Essays in the History of Ideas* (New York: Viking Press, 1980), p. 20.

察作为唯一可靠的知识来源的基础之上,并由此拒绝权威的启示、神圣的著作及其公认的阐释者、传统、指示的权威性,拒绝各种形式的非理性和先验性的知识来源"①。

如今,如果我们仍然坚持启蒙思想,大多数人会用大量的反启蒙思想怀疑论反驳我们,这些怀疑论不是源于法国哲学家、社会理论学家米歇尔·福柯(Michel Foucault),就是源于社会学和人类学,抑或是源于那段在启蒙精神激发下,产生太多失败和失望的历史。但是我仍然认为,新闻业——作为一种旨在将真相带入公共话语、针对政府进行讨论和批评的特殊实践,其总体上是坚持启蒙运动所秉持的解放乐观主义精神的。

媒介史研究领域中最重视这种启蒙变迁意识的主要理论家是社会学家、哲学家尤尔根·哈贝马斯(Jürgen Habermas),他将启蒙变迁意识的出现视作"公共领域"出现的关键时刻。他提出了两大主张。第一个主张是,在18世纪末,即启蒙运动时期,历史上人们第一次能够团结起来,平等地对公共事务进行理性批判。他的第二个主张是,这一最初的思想解放在19世纪被集中的资本主义所有制所终结。资本主义的逐利性使其服务于个人的经济利益而不是公共利益。这里我想重点关注第一个主张。第二个主张是完全错误的。早在1962年,哈贝马斯就将市场视为公众的敌人,在我看来,有充分的证据表明市场与公众利益亦敌亦友,相比启蒙运动所能提供或想象的公共领域,市场

---

① Isaiah Berlin, "The Counter-Enlightenment," in Berlin, *Against the Current: Essays in the History of Ideas* (New York: Viking Press, 1980), p. 1.

所建构的公共领域甚至更加具有包容性和参与性。①

在哈贝马斯看来,舆论是 18 世纪的新事物。此前,我们可能将其视作民间传言,他称之为"微不足道的意见",是"历史进程的积淀",而不是一股新鲜的力量。它经久不衰,人们不能通过"制度的保护"来创造和维护它。与之相反,公共领域仅在 18 世纪中叶的西欧城市中心有所发展,议会在君主制内部积聚了一些力量,先后在文学界和政界引发了社会变革,逐渐开辟出一个私人的、可以平等地讨论当今政治问题而不必担心遭到打击报复的空间。他们聚集在咖啡馆和其他公共场所进行交谈、辩论,并基于"信息化报纸"和"批判性周刊"进行讨论。②

当今,我们认为公开讨论政治争议是很理所当然的一件事,因此对哈贝马斯的理论感到震惊——公开讨论政治的基本准则,直到 18 世纪的欧洲才被发明出来;是报纸和咖啡馆教会了人们几千年都没有弄明白的事情,即如何参与公共讨论。根据他的主张,正是星巴克和福克斯新闻台(后者在某种程度上更像是早期报纸,而不是《纽约时报》)在 18 世纪的前辈们,创造了拥有舆论和政治话语的现代世界。

---

① 这个论题需要另写一篇文章,而不是在此文中探讨。但是我在《好公民:美国公共生活史》(*The Good Citizen*: *A History of American Civic Life*)(New York: Free Press, 1998)和《新闻社会学》(*The Sociology of News*)(New York: W. W. Norton, 2011)中都直接或间接地对此有所论及。

② Jürgen Habermas, *The Structural Transformation of the Public Sphere*: *An Inquiry into a Category of Bourgeois Society* (Cambridge, MA: MIT Press, 1989), p. 401.

我不指望你们全盘接受哈贝马斯的话,尽管我认为它大体都是正确的。我想说的是,哈贝马斯至少认识到在以下方面发生的巨变:新闻是什么,它与什么相关,它在历史上的诸多形态有什么意义,这些形态对我们来说意味着什么,要认真思考这些问题又将面临怎样的风险。新闻业并非永恒不变,也不是到处都有。它于何时何地发生发展都有迹可循。在人类漫长的历史长河中,它只存在了14个代际左右。直到我读了斯图尔特·法尔斯坦(Stuart Firestein)的书《无知:它怎样驱动科学》时,我才意识到这一点。书中,他以专业人士的角度(法尔斯坦是神经生物学家),对科学作出了怀疑但充满热爱的解释,他把科学事业称为"一个近15代人不断追求的事业"。他说:"科学世界观并不适用于所有文化,而且将世界看成一个可以解开的谜团的动力也不是人人都有的。"[①]

正如大部分新闻史学家所理解的,新闻的历史与现代科学大致相仿,至今传承了14或15代人。在这段时间里产生了各种各样的新闻,其报道内容和报道方式也发生了巨大改变。实际上,无论是"报(道)与不报(道)",还是评估"新闻价值"的大与小,都成了负责当代公共事务的印刷商和出版商的任务,他们认为自己理所当然地应该关注这些内容,而不是编撰编年史,推崇党派、神学或政府议程,或为各类捐助提供一种载体。这些差异、变化以及它们当前的转变或消解,或当今新闻业正在经历的一切——都属于新闻史的中心议题。

---

① Stuart Firestein, *Ignorance: How It Drives Science* (New York: Oxford University Press, 2012), p. 166.

第二章

沃尔特·李普曼的魂灵：迈克尔·舒德森的一次采访

记者及公共知识分子沃尔特·李普曼（1889—1974）的魂灵"参加"了2014年在西雅图举行的国际传播协会（ICA）年会，这件事从未被公开宣布和报道过。哥伦比亚大学新闻学院教授、社会学家和媒体学者迈克尔·舒德森也在现场，设法获得了这次独家采访的机会。这篇文章最初发表于2016年第3期的《大众传播与社会》（Mass Communication & Society），名为《沃尔特·李普曼的魂灵：迈克尔·舒德森的一次采访》。现已进行了细微改动以使其符合本书的出版需求。

迈克尔：沃尔特，在西雅图的国际传播协会上见到您真的是意外之喜！不过，我以为您早在1974年就去世了。

沃尔特：你不相信灵魂的存在吗？好吧，其实我也不信。我们没有获得经常返回人间的许可，但是我已经听到太多关于微软和星巴克的消息，所以我不得不回来。（此外，在过去的几十年中，我还耳闻了很多关于涅槃乐队的事。）

迈克尔：其实，您能光临就是无比美妙的事情了。我很想了解您对当下新闻和民主的看法，早在您撰写《自由与新闻》(*Liberty and the News*)（1920）和《公众舆论》(*Public Opinion*)（1922）的时候，就给出了希望新闻工作者采用的方案。① 让我们从一个悲哀的事实开始讨论：美国报社编辑部的记者人数从 1992 年的 67,000 人减少到 2002 年的 59,000 人，而目前大约仅有 40,000 人。在这样一个世界中，我们是否还有希望能够获得一个民主国家所真正需要的新闻报道呢？

沃尔特：你可能知道，1971 年的一项调查发现，当时也就只有 39,000 名报纸记者，接下来的数字基本就与你今天知道的一样了。当然，我知道如今的美国人口比当时多出来约 50%。但是，多亏了电脑、网站、平台以及像维基百科或 YouTube 一样的优质信息来源，以及谷歌等出色的搜索引擎，甚至还包括报刊自己的在线版，今天的新闻记者显然在新闻调查方面比过去高效了很多。自 2002 年以来，新闻编辑部已经失去了 20,000 个工作岗位，但你现在需要重新聘用多少名记者去达到当时新闻编辑部能提供的同等质量的新闻呢？肯定少于 20,000 名。会少于 15,000 名？我认为会的。会少于 10,000 吗？有可能。据我所知，现在没有人会以报道的数量来衡量优秀记者的"新闻生产力"，而是以高质量作品的数量来评判。

---

① Walter Lippmann, *Public Opinion* (New York: Free Press, 1997 [1922]); *Liberty and the News* (Princeton: Princeton University Press, 2008 [1920]).

迈克尔：您似乎对新技术十分熟悉，这让我很佩服。

沃尔特：当然，我还行，我们那儿有 Wi-Fi。

迈克尔：您在《自由与新闻》中写道，有两件事可能有助于新闻业培养民主。首先，您对新闻学院向学生灌输专业精神抱有很大期望。其次，您呼吁在您称为"政治观象台"（political observatories）的地方扩大数据收集和政治分析方面的外部专业力量。那么，我们在新闻内部的专业化和外部政治观察的发展方面做得如何呢？

沃尔特：我们一个一个来。首先，关于专业主义。你太年轻，无法知道1920年时新闻业的不专业是多么令人绝望。新闻编辑室强烈反对大学教育。实际上，人们对类似的想法都十分反感。

你和凯瑟琳·芬克（Katherine Fink）今年早些时候发表在《新闻：理论、实践和批评》（*Journalism：Theory, Practice and Criticism*）上关于"情境式新闻"（contextual journalism）兴起的文章很好地讲述了这个故事。① （不要惊讶！我能紧跟最新文献。现在的数字化传播使这一切变得非常容易。）20世纪50年代，甚至到60年代初，几乎所有被印在头版的东西都屈从于权力，缺乏活力，平淡无奇。说它们遵循了"5W"来实现客观性，那是个笑话。其实只有 4 个 W——人物（Who）、事件（What）、时间（When）、地点（Where）。很少有人努力去分析手边新闻选题的"为什么"（Why）。牛顿·米诺（Newton Minow）

---

① Katherine Fink and Michael Schudson, "The Rise of Contextual Reporting, 1950s—2000s," *Journalism：Theory, Practice, Criticism* 15, no. 1 (January 2014)：3-20.

在20世纪60年代对电视的评价——它们是一片巨大的荒芜之地——可能也是我们在1920年对报纸的评价。

到了20世纪60年代末和70年代,这种情况发生了巨大的改变,有一半的头版报道变得尖锐,并且明显经过作者的分析或解释,这些报道讲述了事件的来龙去脉,有助于为特殊的突发新闻事件建构解释性框架。在越南战争之后,大多数的记者认为如果他们不能提供新闻事件的前因后果,就不算尽到了记者的职责。

迈克尔:但是为什么会这样呢?是因为我们有了更多更好的新闻院校吗?

沃尔特:新闻院校确实改进了。我曾在《自由与新闻》上告诫过,如果学生们总是被"浸淫在已经过时十年,毫无进取心、墨守成规的新闻传统"的教育中,那么新闻院校并没有什么作用。最重要的其实是"公众对新闻职业尊严的认可"以及培养记者们"对客观性原则的遵守"。当然更关键的是新闻学子们要成为"有耐心、无所畏惧的科学工作者,他们要努力去了解世界的真实面貌"。① 在20世纪20年代完成这一目标要比之前更难,因为那时的世界已经变得非常复杂。而且,也正如我所说过的,由于政府的中心从立法的分支(国会)转移到行政分支,政府领域的情况也变得更加复杂。"做国会相关的报道比报道其他部门更容易,因为国会常常会粗线条地通过唱票来落实工作。行政分支虽然已经变得比立法分支更重要,却很难被跟进报道,因为行政部门的工作结果要经过

---

① Lippmann, *Liberty and the News* (Princeton: Princeton University Press, 2008 [1920]), pp. 73-74.

很长的时间才能显现,其影响是任何记者都无法真正准确判断的。"①

迈克尔:好的。我们稍后再来谈这个问题。现在请回到您对解决媒体问题的思路上来。首先,您建议改善新闻教育。我们再来聊聊您提出的第二个关键点,也就是建立"外脑智库"(outside bureaus of intelligence)或"政治观象台"。

沃尔特:在《自由和新闻》中我就提到过,"从理论上来讲,国会有能力充当行政分支的批评者"。但事实上,这种监督没有发生。国会的调查总是达不到目的,他们"几乎总是毫无计划地突袭调查"。但在我写这本书时,发生了两件事。政府内部建立了一些"或多或少带有半官方性质的政府研究机构",此外,"专业私营机构的数量也在增加,它们主要致力于为政府各分支部门的工作进行技术性的汇总"。这两种机构都是"专家型组织的报道者"。② 这些各式各样的机构——或政治观象台——为可靠的新闻记者提供了分析材料,这些材料再被记者重新阐释给公众。

在《公众舆论》一书中,我认为新闻业和新闻记者如果单独行动,而没有充分的"记录机制"可依靠的话,他们就无法提供足以满足民主需要的报道。政治观象台相当于中间人,其持续地一心一意地专注于分析和解释复杂

---

① Lippmann, *Liberty and the News* (Princeton: Princeton University Press, 2008 [1920]), p. 81.
② Lippmann, *Liberty and the News* (Princeton: Princeton University Press, 2008 [1920]), p. 81.

的政治问题,以影响新闻记者们。

迈克尔:很好,但是现在已经过去 90 多年了。政治观象台成功了吗?

沃尔特:我只能说,政治观象台必须得成功。没有它们,新闻业不仅现在不能,甚至永远都不能为民主服务。

从古希腊雅典到 21 世纪的历史长河中,民选政府已经从直接民主或"集会"(assembly)政府向"代议制"民主转变,或由"共和"政府向"监督式"民主转变。在后来的美国,"集会政府"在很大程度上仅限于新英格兰的地方政府;乡镇集会模式从未成为美国各州或联邦政府的模式。尽管最初普通民众只是直接投票给众议院而不是参议院,但在联邦政府层面,"代议制"还是主要的政府形式。

但是在 20 世纪,一些意想不到的事情发生了。政府的重心从立法分支转移到行政分支。这就是一些思想家所说的"行政国家的崛起"。

然而,公众或公众代表如何让一个行政国家履行它的职责呢?简单来说:"很难。"详细来说,一套新的机制已经为此而产生——甚至我们可以断言,正如澳大利亚政治理论家约翰·基恩(John Keane)所说,我们有了一种新的民主形式,一种"监督式民主"(monitory democracy)。"监督式民主"将人们的注意力引向各种新的方面,即各种权力,尤其是政府权力。由政府内外的机构进行监督,从而达到基恩所说的"对行使权力者持续公开的监督"。① 它与代议制民主形成鲜明对比的地方在于它的"持续性"。选举提供了阶段性的公众监督,所以"监督式民主"离不开选举,且它扩大了日复一日运作的监督机制的范围。

有趣的是,政府内外都出现了"监督式民主"。我认为这个现象在1919年露出了苗头,外部的"智库"比比皆是。而且,正如我希望的一样,大学中已经涌现了许多一流的公共政策研究机构和学院,它们会进行严肃的研究和分析。另外,独立的营利性的民意调查机构也为此增添了另一个强大的维度。

同时,政府也开始了自我监督。正如理查德·波斯纳(Richard Posner)法官所说,1946年的《行政程序法》(Administrative Procedure Act of 1946)"接受行政分支作为联邦立法体系的合法组成部分,但对其施加了程序性限制,使行政程序像司法程序一样受到法律约束"②。1966年通过的《行政程序法》修正案,被我们称为《信息自由法》(Freedom of Information Act)。在"后-水门事件"时代,1978年的《政府道德法》(Government Act of 1978)开启了一系列的程序,它要求在几年之内每一个内阁机构和大多数其他主要的联邦机构成立自己的监察长办公室,授权其不断对部门进行审计。总监察长通过各监察机构的半年期报告,公开有关浪费、欺诈和滥用公众信任

---

① John Keane, *The Life and Death of Democracy* (New York: Simon & Schuster, 2009), p. 817.
② Richard Posner, "The Rise and Fall of Administrative Law," *Chicago-Kent Law Review*, 72 (1996): 953-963, at p. 954.

的评估结果。在 2008 财年中,监察长们共同提出了能够节省 140 多亿美元的议案,进行调查后确定其能够收回 40 多亿美元;提交了 6,000 多份起诉书;有 6,000 多起成功的检举,导致了近 5,000 次停职和解职。① 顺便说一句,我喜欢你在新书中引入"监督式民主"的概念。你关于《信息自由法》起源的那章也很有创见!②

迈克尔:谢谢,但是这些东西能有多重要呢?我们的总监察长制度已经建立近 40 年了,但是没有人对他们有任何了解!

沃尔特:没错,社会有了重大发展,公民教育却几乎没有进步。美国人仍然认为他们是处于由三个平等的政府分支部门管理的时代。就连新闻工作者也是基于这种假设行事。对记者来说,报道选举、报道总统大选和报道国会似乎都是繁重的任务,因为它们都变得越来越复杂。总统初选和"永久竞选"取代了党内提名大会,随着政府的扩大,外交政策逐渐成为总统职责中永久性的重要组成部分,总统的权重越来越大。从 20 世纪 60 年代开始,国会的运作变得更加公开化和内部民主化,更少受习俗和资历的限制,更大程度上成为新成员和年轻成员的平台,因此,它彻底成为一个更加难以被报道的事项。

---

① Council of the Inspectors General on Integrity and Effciency. At https://www.ignet.gov/.
② Michael Schudson, *The Rise of the Right to Know: Politics and the Culture of Transparency 1945—1975* (Cambridge, MA: Harvard University Press, 2015).

与之相反,行政官僚机构有点像个黑匣子,仍旧被理解为与源自国会的法条的实施机制有关,也与白宫有关。当然,行政内阁分支机构的运作具有一定程度的自主权,但不幸的是,在美国人的民主概念模式中,行政自主权与其说是一种政府的制度安排,不如说是制度中的"噪音"。

媒体经常报道关于总监察长办公室的情况,但几乎从不提及总监察长制度究竟是怎么回事。总监察长是做什么的?总监察长是怎么完成他或她的工作的?如果总监察长有任期的话,任期是多长?总监察长拥有什么样的权力?总监察长向谁报告工作?总监察长的工作报告是公开的吗?在过去这些年里,我至少读了 20 多个来自《纽约时报》的新闻故事——毕竟我有很多空闲时间来读报纸。在这些故事中,总监察长的报告总能被准确地阐释,但总监察长职务的属性却从未被解释过,更不要说这个职位相对新近的起源了。总监察长的权责被理所当然地认为和参议员、副总统、白宫发言人或内阁秘书长一样。但是这些职位都是从 1789 年以来就存在于政界的,而总监察长办公室却是直到 1978 年"后-水门事件"时代的改革时期才开始设立的。据我所知,既没有记者将这些告知读者,也没有媒体学者、其他内部审计师或政府调查员用超过两页的文章介绍这些内容。是的,我知道那区区两页纸还是你写的,但是很遗憾,迈克尔,它们出现在你发表于美国文理学会会刊《代达罗斯》(*Daedalus*)的文章中,却不在你的同事可能会读的期刊上。面对现实吧,你在网上并没有多大存在感。

迈克尔：嗯，您现在可以在我的 Academia.edu 页面上找到那篇 *Daedalus* 上的论文，也可以从那里或者从我在哥伦比亚大学新闻学院的教职员工网页上下载它。

沃尔特：很高兴听到这个消息，你一定要坚持下去。

迈克尔：您不是第一个给我这个建议的人，但您是其中最年长的！最后一个问题，尽管我并不想提及，但事实上很多当代评论家都认为你是一个精英主义者和反民主主义者。罗纳德·斯蒂尔（Ronald Steel）在 1997 年给《公众舆论》撰写的导言中为你辩护，称你是一个热情的民主主义者，"他不仅是一个忠诚的民主主义者，而且他还把自己的余生都投入到向公众解释国家事务的工作中"。

尽管如此，许多人还是把你和哲学家约翰·杜威（John Dewey）看作对手，他们和那位热情的佛蒙特州（Vermont）小镇民主主义者站在一边，而不是站在你这边。

沃尔特：首先，我对那些阅读不精的学者无能为力。当然，约翰·杜威是个细致的读者。我们在自由主义和对科学的信仰方面颇有共识。近几十年来，自由主义和科学都经历了艰难时期，特别是在大学里。而且事实上，自由主义和科学有着某种同样不近人情的内核。自由主义对个人权利、正当程序和法治有着固执的坚持，即使是当它保护了无赖时。当然在保护个人和少数群体免受多数人强权的践踏时，它也不例外。至于科学，它并不坚称它总是正确的。事实上，它的精神是要坚称任何传统智慧都必须能被修正，而且很可能被修正。科学真理不是一成不变的。但是，科学还是存在着严格的、不可置疑的规则的。

所以,杜威教授确实对民主很热心。他虽然睿智,却思路不清。至少包括你和苏·柯里·詹森(Sue Curry Jansen)在内的一些评论家,都仔细阅读过并认识到我对民主的认同。①

迈克尔:最后一个问题。在《新闻与自由》中,你着重强调了"政治观象台",那是在 1919 年和 1920 年。在 1922 年出版的《公众舆论》中,"政治观象台"这个词并没有出现。像以前一样,您写道,媒体没能将不可见的世界变得可见,除非其他机构本身就能提供一个有用的记录制度,比如体育成绩和股市评估。为什么不再提"政治观象台"了呢?

沃尔特:好吧,我并不喜欢重复自己的观点。而且那些年我逐渐意识到,公关人物的角色越来越重要。这些人为促进特殊利益而兜售隐晦的宣传。他们可能接受过新闻训练,也可能假装学识渊博,但他们却是民主信息传播中的"伪造者"。

在我的全部分析中,我担忧的不只是公关对新闻造成的影响。几乎所有人都忽略了我在《公众舆论》中"报纸"一章的倒数第二段。这一段的第二句话被多次引用:"(新闻业就像)探照灯的光束,永不停歇地到处巡视,把

---

① Michael Schudson,"The 'Lippmann-Dewey Debate' and the Invention of Walter Lippmann as an Anti-Democrat 1985—1996," *International Journal of Communication* 2,(2008):1031-1042. Sue Curry Jansen, *Walter Lippmann: A Critical Introduction to Media and Communication Theory* (New York: Peter Lang, 2012).

一个接一个的事件从黑暗中带入人们的视野",但这句话只有在它前面那句话"新闻业不能代替制度"的前提下才能讲得通。这就是为什么,我在几句话之后写道:"麻烦深藏于新闻机构之外,解决办法亦然。救治之道在于建立一个基于分析和记录系统的社会团体……在这种情况下,新闻将会通过这个信息系统被无遮拦地展示给新闻机构,同时对新闻机构形成一种核查机制。"好吧,请原谅我引用了自己的话。但我并非自以为是,我实在看不出应该改变这些句子中的哪个词。①

迈克尔:那么,我们今天是否有一个"对新闻形成核查的信息系统"了?

沃尔特:时间会证明一切的。但是,我认为我们有理由保持乐观。互联网带来了对新闻界的众包式审查,可以指出它的疏漏和错误。新的事实核查机构特别关注政客和党派候选人的虚假陈述,它们也会对主流媒体进行"事实核查"。人们担心的是,如今公民很容易生活在意识形态和党派信息区隔、极化的社会中。但我更相信互联网是信息传播的一股绝对力量。而且请记住,对公民来说,对自身进行"事实核查"要容易得多!你认为你几天前在报纸上读到了这样那样的信息,但有人对你的转述表示怀疑。那么,即使你读到的那份印刷品已经被扔进垃圾桶,送去回收站,你只要上网就还可以找到它。相比以前,现在的信息能流传得更久。甚至一些很久以前的老魂灵也比人们想象中存在得更久。

---

① Lippman, *Public Opinion* (New York: Free Press, 1997 [1922]), p. 229.

迈克尔:我很高兴这是真的！感谢您今天接受我的采访！

沃尔特:乐意之至！

第三章 新闻业是一种专业吗？——客观性1.0、客观性2.0及其超越

本章将探讨有关美国新闻专业化的问题，借鉴了我的第一本书——1978年出版的《发掘新闻：美国报业的社会史》(Discovering the News: A Social History of American Newspapers)中的相关内容。在这里，我换了一种方式重新阐述这些观点，有助于澄清新闻业的专业①精神是如何随着时间的推移而改变的，以及新闻记者如何在尊重真实性原则的同时，越来越致力于公正地解释新闻，或"以情境化"的方式来呈现新闻。当主流或自主的专业新闻媒体，无论是纸媒、广播、电视，还是各种数字媒体，在美国和其他地方受到广泛的、煽动性的攻击时，这具有相当历史价值的政治议题在我看来已再次成为当务之急。

2002年6月，哥伦比亚大学新闻

---

① profession兼有中文中"职业"和"专业"的意味。"职业"与"专业"的区别，其实是"职业"的门槛比较低，以一定的劳动付出换取适当的收入，就是在从事一种"职业"。但"专业"比较强调知识、技能和原则，所以才会有新闻专业主义之说。关于客观性的争论跟知识、技能（原则）更相关，故本文标题选择用"专业"而非"职业"。当然在文中，译者也会灵活选用"职业"和"专业"以符合上下文语境。——译者注

学院院长汤姆·戈尔茨坦(Tom Goldstein)辞职后不久，李·布林格(Lee Bollinger)出任哥伦比亚大学校长。大学的遴选委员会已经选出几个卓越的候选人来接替戈尔茨坦，但是布林格校长宣布他将暂停遴选，以便让校方有更多时间考虑"一所一流大学中的新闻学院的作用"。布林格承认，哥大新闻学院在技能培训方面做得不错——这也是广受赞誉的，但是现在他计划进一步深度融合哥大其他院系的资源，以向记者们提供报道重大选题时所必备的、更具深度的教育。布林格很重视新闻学院，他本就是一位研究《宪法第一修正案》的著名学者，并成长于一个报业家庭——他的父亲经营着一家小镇报纸。因此，他召集了一个特别工作组，以商讨"卓越的新闻学院"在当今世界应承担的责任。

2003年4月，布林格校长宣布，新闻学硕士研究生的教育应该超过10个月，并且不应该仅局限于对学生进行基本的技能训练。他宣布任命尼古拉斯·莱曼(Nicholas Lemann)为新任院长。莱曼曾经参加过特别工作组的会议，他也相信将新闻学硕士研究生教育延长至两年是有价值的。新闻工作者确实需要知道他们所报道议题的更广泛和更深入的内容。他们应该在新闻学院的课程以外，选修其他学院的一些课程。这在那时的新闻教育中实际上是一种极具号召力的观点。不过，无论是布林格校长还是莱曼院长，都没有关注到新闻业内部及相关的具体技术变革。

让新闻教育更加学术化的想法在新闻工作者中并不很受欢迎。《华盛顿邮报》和《新闻周刊》的专栏作家罗伯特·萨缪尔森(Robert Samuelson)立即回应称：布林格的愿景相当于推动建立"势利新闻"(snob journalism)——"由精英为精英写作的新闻"。对萨缪尔森来说,"实践才是学习新闻的最好方式"。新闻院校充其量不过是"必要的恶"(necessary evils,不得已的事)。他觉得布林格的愿景是自命不凡的,他对新闻工作者的态度是居高临下的。布林格对莱曼的选任并没有让事情变得更好,尽管萨缪尔森也承认莱曼是"一位杰出的作家、全能的记者、天才的思想家",但他的专长是"为发行量相对较小的高级(又称精英)出版物撰写长篇反思性文章"——萨缪尔森对此的评价是,这一切都很好,但绝大多数记者并不是这样的。[①] 萨缪尔森对新技术的关注并不比布林格或莱曼多,他只是担心新闻受众正在减少,尤其是年轻人正在逐渐转而关注娱乐节目,而不是新闻。尽管他也简短地指出,那些流失了的年轻受众中,有部分是转向了互联网的新闻网站。

2005年,莱曼院长招聘我到哥伦比亚大学新闻学院任教。我不是哥大课程改革的参与者,我自己也未曾对技术变革给予太多关注,但我仍想把自己置于其中。早在20世纪80年代我就勉为其难地放弃了IBM打字机,转而使用一台台式电脑。也就是说,在我到哥大之前,我已经使用了20年台式电脑。我也算是 E-mail 的热情"拥护者"。2006年,当我开始到哥大工作时,我买了我的第一台笔记本电脑,还买了第一部手机,这都是为了帮助处理复杂的来往信息。毕竟我要在加利福尼亚和纽约两地同时安排学术计划,在那之后的好几年,我还需要一直保

[①] Robert J. Samuelson, "Snob Journalism," *Washington Post*, April 23, 2003.

持着我在加利福尼亚大学圣地亚哥分校的教职。在那个时候,Facebook 已经成立,但直到第二年才开始提供普遍的商业服务。YouTube 也刚刚问世,还没有 Twitter,直到 2007 才出现 iPhone。这时维基百科已经成立 4 年,一年后它上面的英文文章已经达到 100 万篇,5 年后则超过了 300 万篇。和当时的许多学者一样,我不屑于使用维基百科——但随着越来越多地使用它,不久之后我就意识到它是一个现代奇迹。

从新闻业的角度来看,2005 年似乎已经是很久以前了。这就是一个问题,一个用于理解新闻业从何而来,甚至新闻业是什么的问题,更不用说它还是一个需要想象新闻业可能会向什么方向发展的问题。在今天,数字媒体的力量是如此炫目,以至于过去的一切都可被概括为暗淡的"前数字媒体"。从本·富兰克林(Ben Franklin)的《宾夕法尼亚公报》(1729),穿越 240 年回到本·布拉德利(Ben Bradlee)掌舵《华盛顿邮报》发表鲍勃·伍德沃德(Bob Woodward)和卡尔·伯恩斯坦(Carl Bernstein)曝光的"水门事件"(1972),这些都突然变成无差别的"旧时代",一瞬间就被似乎是我们能想起的新闻业的唯一变化所取代了——从旧时代到一个更加碎片化的、更加一致的、更加尖刻的、更加顽固的、更加小报式的、更加快速的、更加透明的、更加互动性的、更加参与性的、更加多媒体化的,除了经济回报几乎应有尽有的新闻业。眨眼之间,人们(错误地)认为一个永恒的专业化的新闻世界坍塌了,而在那个世界里,新闻记者们拥有决定新闻价值的主导性权威,并能对政治生活中的机巧和权谋提供复杂的、独立的见解。

如今,新闻业中的很多东西都在改变,并且改变得很快,但这个事实——新闻业是具有一套长期固定的实践模式、受人尊敬的行业,却从未改变。

"专业"是一个大家都耳熟能详的术语。归根结底,它在社会学中的含义与大众用法并无太大差别。在这两种情况下,"专业"的概念都是有吸引力的,它也会引发争议。之所以有吸引力是因为"专业"一词受人尊敬。"专业人士"是有光环的。如果你是一个"专业人士",就意味着你在自己的领域内有相应的知识和技能,你不是一个业余爱好者——你做你所擅长的事情并且有人为此支付酬劳。你是一个"真正的专家"。人们称自己为专业人士是为了表明自己的身份地位,即基于自己的专业知识和训练有素的判断力,而期望获得来自他人的高度认可、信任和尊重,这些知识和判断力表现在熟练的技能或对复杂知识体系的掌握上。

正如社会学家和公众所了解的那样,专业人士并不总能成功地作出他们宣称自己能作出的专业判断。正如我们所知晓的萧伯纳的那句名言:"每个行业最终都是针对门外汉的共谋。"我们知道医生是如此,律师也是如此。我们确定记者更是如此。虽然我们一开始也许不接受新闻业是专业的——事实上,记者们也对接受自己的专业身份感到困惑。但是今天比以往更重要的是,我们要去了解新闻业在过去100年间专业化的过程,包括其从20世纪60年代起发生的显著变化,并清楚地思考新闻业今天的定位,以及它由此可能或者应该朝哪个方向发展。

正如在其他领域一样,当新闻领域的边界变得模糊,并且法律或公众对于专业认知的尊重发生动摇时,专业地位的问题就变得敏感起来。在这种时刻——显然当下新闻业就处于这样的时刻——专业主义的内涵就成为人们相当感兴趣的话题。如果我们回溯报纸起源的17和18世纪,就会发现当时的新闻业在世界上任何地方都不是一种职业。它不是独立的职业——甚至连一份全职的工作都算不上。直到19世纪,且主要是在后半叶,新闻才成为一项全职工作——实际上,它是由一系列完全不同的工作组成的全职工作——也正是在那个时候,新闻业才开始将自身视作职业领域,这个行业有鲜明的习惯、聚会场所、内部组织,以及一些内容涉及行业自身的期刊,还有自学辅导书、成人教育,甚至一些大学课程。这并不是说新闻业作为一个具有自我意识的领域,分布在各种各样的新闻出版组织中。事实上直到1920年,大多数美国人还都居住在农村、小城镇和小型城市中,而不是住在像纽约、亚特兰大和底特律这样的中心城市。这些成千上万的小镇都有报纸,但它们通常是周报,规模很小,安于一隅,版面要依靠读者投稿来填充,它们一般不愿报道有争议性的话题。与其说它们是独立的报纸,还不如说它们是社区里的"新闻信"。只有在城市里,尤其在纽约和芝加哥,新闻业才是一个足够大的领域,大到可以得到承认并有组织地发展起来。

在其他职业成为职业的历史发展过程中,一个典型的表现是为这个职业而建立的大学高等教育,以及进行自我管理的专业协会的出现。这些协会掌握着进入这个领域的准入权,获得了政府的认可,并且正式或非正式地约束着它们自己的成员。在此过程中,新闻业成为职业的过程就是找到自己声音的过程。在新闻业还没有达到像在法律和医学界中建成的那种自组织力量的时候,还没有达到甚至都没有想过追求专业荣耀的时候,其专业性就出现了。罗伯特·萨缪尔森不赞同布林格明确期望新闻业应该是一种"职业"的认识。他言简意赅地写道,这就是一个"坏主意",它将"降低新闻的相关性,并引发公众的不信任"。但是,新闻业确实已经专业化,并且是两度专业化了。从19世纪后期开始,它就逐渐具备了一些类似专业主义的东西,出现了一些对专业技能的颇有道理的主张,并在1965年之后进行了第二次专业化的飞跃。两次专业化发展的场所都是大都市日报的新闻编辑部,正规的学校教育最多起到了次要作用。接下来我将更加详细地分析新闻业这两次走向专业化的过程,以及由此带来的先进的新闻报道和新闻写作技巧,同时也会松散地联系到新闻伦理。这些新闻伦理被用以抵制市场上的诱惑之声(siren songs)(尽管它们存在于报纸的经营部门内部)和来自政府的限制。①

---

① 芭比·泽利泽(Barbie Zelizer)提出了不同意见,认为将新闻学置于职业社会学的框架内是一个概念上的错误。依照泽利泽之见,新闻业不是一种专业,而是一种"诠释社群"(interpretive community),如果我们试图将新闻业与熟悉的"职业"概念对标,可能会误解新闻业。参见 Barbie Zelizer, "Journalists as Interpretive Communities," *Critical Studies in Mass Communication* 10 (September 1993): 219-137 included under the title of "A Return to Journalists as Interpretive Communities," in Zelizer, *What Journalism Could Be* (Cambridge, UK: Polity, 2017), pp. 175-192. 我喜欢泽利泽提出的"诠释社群"的概念,但我还是认为将新闻业视作一种专业是有道理的。新闻业已获得广泛的文化中心地位和文化权威,这是诠释社群很难达到的,甚至是许多诠释社群并不渴望做到的——比如非皈依性宗教团体。

一、新闻业作为一种职业领域的出现

到19世纪末期为止,新闻业还不是一种职业。直到19世纪末和20世纪初,报业才肯在信息收集方面花本钱,尤其是重金聘任驻外通讯记者。正是由于早在19世纪50年代就有了驻外通讯记者团队,英国和美国新闻界才自鸣得意于本国的领先报纸。但在法国,驻外记者出现于19世纪70年代,直到1914年才普及。媒介学者让·查拉比(Jean Chalaby)因此宣称现代新闻业是英美人的发明。他还进一步指出,英美报刊发展了"以事实为中心的论述惯例",并给予新闻"作为一种文体的特殊性"。[1] 它不仅仅是对信息的投资,也是一种以非政治、非哲学、非论辩、非文学的方式收集和呈现信息的方法。这是一套以新闻为中心、以新闻为圭臬的实践和文本形态,它被称为新闻业。

新闻业的形成部分源于其独特工作方式的演进。最引人注目的是采访的出现。英国记者威廉·斯特德(William Stead)在1902年宣称采访是美国独有的发明。[2] 这种实践的新奇之处可以从马克·吐温1868年的一篇典型的讽刺报道中看出:

---

[1] Jean K. Chalaby, "Journalism as an Anglo-American Invention: A Comparison of the Development of French and Anglo-American Journalism, 1830s—1920s," *European Journal of Communication* 11, no. 3 (1996): 303-326.

[2] William T. Stead, *The Americanization of the World* (New York: Garland, 1972 [1902]), p. 111.

> 今天我在参议院邂逅了这个国家的名流之一谢尔曼将军(General Sherman)。我猜想,我和这位绅士的谈话应该被报道出来。我说,天气不错;他说他见过更好的。在目前这种动荡不安的政治局势下,我不想再引火烧身,于是我说早上好。他明白我的小把戏,于是也说了早上好。这就是我们偶遇的全部经过,但我认为这有非常重大的意义。它清楚地透露了他对弹劾的看法。我认为这种获取一个名人意见的方式有点不地道,但是当时每个人都这么干。①

在1868年,不是所有人都做采访。但在19世纪90年代的美国,人人都这么干。1871年,《纽约世界报》(*New York World*)的驻外记者汤普森·库珀(Thompson Cooper)成为世界上第一位采访教皇(Pius IX)的记者。这家报纸为该报道写了如下引言:

> 在人类源远流长的制度安排中,罗马天主教会是最古老的存在,而采访几乎是最年轻的形式。今天早上,它们各自的代表——教皇九世和《纽约世界报》的汤普森·库珀——面对面

---

① Cited in Donald A. Ritchie, *Press Gallery: Congress and the Washington Correspondents* (Cambridge, MA: Harvard University Press, 1991), pp. 82-83.

地认识了彼此。教会精神和时代精神,以一种具体而精准的方式相遇。教会和媒体互相行礼。①

就这样简单地将采访视为人类的"制度安排"之一可能有些"自命不凡",但这是正确的。采访是一种新的制度,既是一种记者与政治家或名人的社会交往方式,又最终呈现为一种非虚构的文学文本,一种新型结构的文体。

大约在同一时间,新闻叙事从对近期事件按时间顺序的纪实叙述,转向以新闻事件为中心的新闻报道。这些报道以概括性导语(summary lead)开头,用来强调在所报道的新闻事件中,记者和其他新闻工作者共同认为的最重要的信息。在关于总统年度"国情咨文"演讲的新闻报道中,这种转变非常明显。这类报道从一字不差地记录总统讲话,以及按时间顺序叙述当天国会会议议程,发展到将记者认为的总统讲话中最重要的部分放在开头。②

在19世纪80年代之前的美国和20世纪20年代之前的英国,记者是出现在报纸众多声音中的一个发声者,他们通常隶属于某个政治派别、政治团体或听从于某个

---

① *New York World*, January 29, 1871. 要了解更多关于采访的美国源起的历史,参见 Michael Schudson, "Question Authority: A History of the News Interview," *Media, Culture & Society* 16 (October 1994); repr. in Schudson, *The Power of News* (Cambridge, MA: Harvard University Press, 1995), pp. 72-93。

② 参见 Michael Schudson, "The Politics of Narrative Form" in Schudson, *The Power of News* (Cambridge, MA: Harvard University Press, 1995), pp. 53-71。

政府官员。他们不是报纸的发言代理人,而是众多声部中的一个,他们并不代表某个独特的新闻观点。报纸不过是各种可接受的公众声音的汇集,是不同语调、风格和声音的混合体。

在这一点上,英国学者唐纳德·马西森(Donald Matheson)的观点尤其具有启发性。他在一篇关于英国新闻业现代化的精彩文章中,一开始就引用了1901年《泰晤士报》(*Times*)上一篇文章的起始句,强调了19世纪的新闻业实在太古旧,以至于我们难以想象今天有记者会这样写:"我们今天早上要宣布一个令人震惊的消息,财政大臣已经把他的辞呈交给了索尔兹伯里勋爵(Lord Salisbury)。"① 只有在某种特定的文化氛围中,这句话才有意义。在这种情境下,在职者的身份被理所当然地认为比他本人更重要,报纸因此不必提供财政大臣的个人姓名。(另一种可能是,《泰晤士报》的目标受众规模足够小,且足够同质化,作者因此可以有把握地认为读《泰晤士报》的人有足够的辨识能力,不用被人提醒现任财政大臣姓甚名谁)。这是一种文化,在这种文化中,报纸的责任并不完全是提供令人吃惊的消息,而且报纸也是这样自我宣称的。"我们"这个词让人们注意到,报纸是在这个世界内部运行的机构,而不仅是理所当然地"站"在旁边描述或解释这个世界的机器。

这并不是说记者们要用其他可替代报纸的信息形

---

① Donald Matheson, "The Birth of News Discourse: Changes in News Language in British Newspapers, 1880—1930," *Media, Culture & Society* 22 (2000): 557-573, at p. 557.

式(如年鉴、布道、歌曲或传单)进行竞争。报纸本身的信息来源、风格和作者就十分混杂,正如马西森所说,报纸很少"用自己的声音来描述世界。实际上,它根本没有自己的声音"①。记者甚至不用把别人的话组织起来。编辑们并不编辑来自记者的稿件——后者是按提交的原件完整印发的,如法院程序或议会的报告、公开会议的发言等。这些都表明,"新闻业当时还没有手段或权威来重新定义内容的语境"。只有当它拥有了这些手段,新闻才成为"一种知识形式本身,而不是依赖于其他话语对世界作出的陈述。"②

第一次世界大战之前,在世界上任何地方从事新闻工作都不需要正规的教育。在美国,直到那个时候,大学学历都不是立志于从事新闻业的年轻男子(或极少数年轻女子)的标配。显然,这些年轻人无须掌握任何特定的知识体系,更不必说"抽象"的知识体系或"抽象"的原则,然而这些东西据说又恰恰是拥有专业名声的职业的标志。那些以新闻工作为生——就是说那些为报纸和新闻杂志撰稿、采访或者摄影的人,无法掌控自己的就业待遇,也没有合乎规矩的道德准则,他们通常都不能以记者的身份归属于任何一个组织,相较于其他职业群体,他们也难以得到较高的社会地位。但是,记者却逐渐成为一

---

① Donald Matheson, "The Birth of News Discourse: Changes in News Language in British Newspapers, 1880—1930," *Media, Culture & Society* 22 (2000): 557-573, at p. 562.
② Donald Matheson, "The Birth of News Discourse: Changes in News Language in British Newspapers, 1880—1930," *Media, Culture & Society* 22 (2000): 557-573, at p. 563.

个全职带薪的职业,并建立了记者们引以为傲的职业认同感。此外,他们还发展了工作中学到的社会实践技能,这项技能让他们有别于新闻业之外为出版写作的从业者。①

尽管如此,在一些地方,旧的印刷出版方式仍然持续了很长一段时间。荷兰媒介史学家马塞尔·布罗尔斯玛认为,在荷兰,直到1945年,报纸都是以"垂直"的形式排版的。整个版面全为灰色——没有插图、没有照片、没有任何能被称之为标题的文字。第一篇新闻从左边的一栏顶部开始,如果这篇新闻在该栏的中间位置便已结束,那么排版者会在它下面空出一小行,继续刊印下一篇报道。这样下一篇报道就很可能跨越两栏。具体来说就是,第二篇报道会从第一栏的下半部分开始,然后在第二栏被从头排到尾,排满后转到第三栏,然后在第三栏中间的某个位置结束。空一行后,在第三栏的中下部就会再开始下一篇报道。依此类推,排满后再转至第四栏。

这样的版式设计中缺少了什么?答案显而易见:编辑和读者。没有人进行任何的编辑判断工作,没有人努力改善读者的阅读体验以提高销量。19世纪末期美国读者和20世纪20年代前后英国读者所熟悉的头版,在几十年后的荷兰读者中都无人知晓。英美头版通过页面布局、标题字号、标题跨栏数、设置侧边栏等方法区别不同新闻报道的重要性。但在1945年前,荷兰的新闻

---

① 在19世纪后期,记者作为一种行业群体,其职业(自我)意识开始萌芽,参见 Michael Schudson, *Discovering the News: A Social History of American Newspapers* (New York: Basic Books, 1978)。

工作者不会告诉读者最重要的信息是什么;他们通常只是按时间顺序记录事件,并不从中发掘新闻。直到1945年,荷兰才出现了一些看起来是我们能接受的"现代新闻"。①

二、新闻"高度现代性"的兴起:客观性1.0

新闻业发现自己的声音,并不仅仅是通过攻击报纸上其他的声音,或是对着广播、电视或其他纸媒的声音强调自己的权威性,更是通过获得公开讨论时政要务的合法性保障而实现的。这个过程因不同国家的政治文化而异。例如英国的"14天法则",这个法则仅在二战至1957年间生效,但它极具建设性意义。在"14天法则"中,英国广播公司(BBC)与两党达成协议,不会播出议会在未来14天内计划正式讨论的任何议题的新闻或评论。1955年,监管英国广播公司的邮政部(the Postmaster-General)用一条正式禁令取代了"14天法则"这样的非正式限制。对此,英国广播公司表示反对,声称报道时政新闻是它的责任,而如何报道它们不该由政党或其他任何人决定。但英国首相温斯顿·丘吉尔(Winston Churchill)不同意这一观点:"众议院的事前辩论总是一次又一次地遭到冲击,而发表冲击意见的人根本不具备议员身份或责任,这真是骇人听闻。"议会中的其他议员

---

① 参见 Marcel Broersma, "Visual Strategies: Dutch Newspaper Design Between Text and Image 1900—2000," in Marcel Broersma, ed., *Form and Style in Journalism* (Leuven: Peeters, 2007), pp. 177-197。

也赞同应该由政党而不是由英国广播公司来决定什么议题该被讨论。两党都不赞成媒体用"14 天法则"对议员们"施压",并担心英国广播公司可能会选择"不具代表性的发言人",这些人可能会谈论"只有议会才有权决定的问题"。①

　　新闻是否会成为一个相对专业的领域,在一定程度上来说,就是新闻话语是否有别于其他形式的出版物和言说方式的问题。而要让新闻业尽快成为一个相对专业的领域,新闻工作者们应该相互沟通,而不仅仅是与受众进行广泛的交流。他们必须进入一个由清晰确定的职业规范、价值观、操作实践构建起来的新天地。这是全面专业化所必需的,但要实现这一目标还需要更多的努力。医生通常对自己的工作待遇和行业的准入门槛有着高度控制权,而新闻工作者则没有这样的权利。医生整体致力于一项公共职能(服务于改善社会中的个体健康),这种认知几乎毋庸置疑,人们也会同意新闻业提供(或至少应发挥)的公共职能是为个人提供能够理性参与民主政治所需要的信息,但公众并未就此达成共识。记者常常因为他们服务于一个对民主至关重要的领域,并且能够将公共利益置于局部利益之上而底气十足,但是任何一名支持杰出新闻业的观察者都可以看出,符合以上描述的内容只占世上众多新闻出版物中的极少部分——即便它们在数量稀少的杰出新闻组织中是重要的一部分。

---

① Asa Briggs, *The History of Broadcasting in the United Kingdom*, vol 4: *Sound and Vision* (Oxford: Oxford University Press, 1979), pp. 605-612.

因此，新闻业的专业化进程充其量还在进行中。当新闻业接受了其独立于政府和市场的定位时，它就迎来了第一个决定性时刻——我们称之为"客观性1.0"时代。1923年对新闻业来说是个大日子，1922年刚刚成立的"美国报纸编辑协会"（the American Society of Newspaper Editors, ASNE）在这一年起草了新闻业的行业道德准则，并敦促新闻业致力于对当下事务进行不偏不倚的报道。"客观性"一词在20世纪20年代首次跻身于美国新闻界的常用词汇，新闻记者、公共知识分子沃尔特·李普曼对此极力褒奖，并给出许多颇具价值的哲学性阐释。与此同时，李普曼的著作中明确体现了这种对客观性的信念——是基于这样一种认识，即记者们被各种宣传者和公关人员所包围、利用，这些宣传者和公关人员试图说服、贿赂或奉承他们，以便让他们在新闻报道中偏袒其中一方。正如社会学家盖伊·塔克曼（Gaye Tuchman）[①]后来所描述的那样，客观性作为一种实践，由此成为一种"防御性策略仪式"[②]。

这种说法是正确的——但并不完全正确。客观性同时成为一种信仰。正如媒介历史学家约翰·尼罗（John Nerone）所观察的，"新闻是一种主义。也就是说，它是一个信仰体系。具体来说，是一个定义了恰当的新闻职业

[①] 作者名字汉译参考了新闻学界最新汉译名著的译法（盖伊·塔克曼：《做新闻：现实的社会建构》，李红涛译，中国人民大学出版社，2022年版）——译者注

[②] Gaye Tuchman "Objectivity as Strategic Ritual: An Examination of Newsmen's Notions of Objectivity," *American Journal of Sociology* 77 (January 1972): 660-679.

实践和职业价值,以及新闻媒体和新闻制度的信仰体系"①。如果"主义"这个说法过于言重,媒介学者芭比·泽利泽则将共有这套观念、态度和做法的大多数美国记者和许多其他记者称为"诠释社群"②。

紧接着,新闻业第一个专业化时代在20世纪20年代成型,并在50年代和60年代达到顶峰,媒介学者丹尼尔·哈林将这段时间称为新闻业的"高度现代性"(high modernity)时代。③ 此时,"客观性"被广泛定义为一种理想,而新闻报道的常规操作也被视为致力于实现"客观性"的一种实践。但是,尽管关于客观性1.0(现在通常被贬低为"第三人称新闻")利弊的论战一直持续到今天,但新闻机构和新闻写作紧接着却进入了一个重要的新阶段,这个阶段从20世纪60年代开始,到70年代迅速达到高潮,我们可以将它视为客观性2.0时代。

三、客观性 2.0 的到来

几乎所有记者和历史学家的描述都证明,美国新闻业对政府、政治和社会的报道始于20世纪60年代和70年代。它的开端不是U-2事件,也不是肯尼迪与尼克松的电视辩论;它不是什么具体的小冲突,甚至不是越南战

---

① John Nerone, "The Historical Roots of the Normative Model of Journalism," *Journalism* 14, no. 4 (2013): 446-458, at p. 447.
② Barbie Zelizer, *What Journalism Could Be* (Cambridge, UK: Polity, 2017), pp. 175-182.
③ Daniel C. Hallin, *We Keep America on Top of the World* (New York: Routledge, 1994).

争胶着时期美国新闻界与美国驻越军事发言人之间的种种对抗;它也不是20世纪60年代地下出版物的倔强生长,更不是对特立独行的记者斯通(I.F.Stone)①的日益尊崇——斯通可是当时政治上有责任感的年轻记者的精神楷模。它的开端涵盖了这一切,甚至还要更多。这个转折并非发生在一夕之间——转折点当然也不是"水门事件"。早在"水门事件"发生之前,就有了西摩·赫什(Seymour Hersh)对"美莱村大屠杀"(My Lai massacre)以及其他有关越南战争的著名调查性报道的叙事范式。虽然伍德沃德、伯恩斯坦和《华盛顿邮报》对"水门事件"的追踪报道无可挑剔,但是无论它有多么惊天动地,新闻业的变化都不能仅仅依赖这一事件。因为新闻业的深层机理危机重重。时代在变迁,文化在巨变,人们对民主的理解方式也在重塑,这些都促使新闻媒体成为美国社会开放的主要推动者。

媒体角色的变化是一系列相关事件发展的共同产物,它们彼此之间有着密切的联系:政府——尤其是联邦

---

① 斯通(I.F. Stone,1907—1989),20世纪美国知名的新闻斗士及作家。在退学投身新闻业之前,曾在宾夕法尼亚大学攻读哲学。他从1953年开始创办《I.F.斯通周刊》(*I. F. Stone's Weekly*,1953—1971),与麦卡锡主义抗争;在20世纪60年代,该刊对越战的抨击不遗余力。1971年他因健康问题告别新闻业,回归宾大,攻读古典语言文学,潜心研究多年后,于1988年出版《苏格拉底的审判》一书。1989年斯通逝于波士顿。斯通曾在哈佛、耶鲁、牛津等多所大学开办讲座,个人影响力至今不衰。从2008年开始,哈佛大学设立年度奖项"I.F.斯通新闻独立奖章",以铭记斯通毕生践行的新闻独立精神。——译者注,转引自斯通《苏格拉底的审判》之作者简介(董乐山译,北京大学出版社2015年版)。

政府——的规模越来越大,越来越渗透进人们的日常生活;新闻文化也在改变,新闻工作者比以往更积极地维护自我;许多政府机构变得不再那么隐秘,更加愿意与新闻媒体合作,并渴望得到媒体的关注和认可。这是由于联邦政府扩大了管理范围,深入民权、经济法规、环境规制,以及诸如食物券、医疗保险和医疗补助等社会福利计划中,而且由于妇女运动宣称"私事亦政治"(the personal is political),在新闻业的文体创新证明了自己的力量的同时,"报道政治"的概念也发生了变化。

新闻报道随即变得更具探索性、分析性,也更超越了公共和私人之间的传统界限。即便如此,这些也只代表了影响新闻界变革的部分因素。新闻媒体在独立性和专业性方面有所发展,对权力机构的报道也更加清晰,更具批判性。同时,权力机构也适应了新闻工作者空前强大的现实局面。当然,政客们早就对新闻界心生不满——乔治·华盛顿(George Washington)总统抱怨报纸对他形象的刻画[1];托马斯·杰斐逊(Thomas Jefferson)总统鼓动州法院以诽谤罪起诉那些批判他和他的政策的编辑们[2];作为总统操纵记者的始作俑者,西奥多·罗斯福(Theodore Roosevelt)总统最广为人知的恶性事件是直

---

[1] Michael Schudson, *The Good Citizen: A History of American Civic Life* (New York: Free Press, 1998), p. 70.
[2] Leonard W. Levy, *Freedom of the Press from Zenger to Jefferson* (Durham, NC: Carolina Academic Press, 1996 [1966]), pp. 362-371.

呼负面报道他的记者为"扒粪者"①。但是与后来的情况相比,首都华盛顿的政治活动仍然更多是一场局内人的专属游戏。驻华盛顿的记者团更乐于服从自家媒体编辑和出版商的突发奇想与期待,而不是政客们的意见。华盛顿的政客们则更多通过维持他们在本州政党纷争中的声望,而不是通过在报纸上展现自己的最佳形象来保住饭碗。直到1914年,美国参议院议员才由大众选举产生。在此之前,远离民意是参议员们与生俱来的特权。尽管在20世纪初,权威报纸上的少数作家,以及报业集团里的个别政治专栏作家逐渐成为有影响力的"权力经纪人"(power brokers),但作为商业集团的新闻界仍没有强大的话语权。

20世纪60年代末期,媒体获得了存在感。这在某种程度上是因为尼克松政府(行政分支)坚持将众所周知的"新闻界"称为"媒体",政府内部人士认为,这个词比"新闻界"更容易产生距离感,令人生畏。② 这种存在感不是指在台面上拥有一席之地,而是内化在政治决策者意识中的一种认知——媒体是警觉的、强大的,并且绝不手软。当然,那些拥有政治权力的人在一定程度上有别于

---

① 关于 Theodore Roosevelt 的"muckraker"演讲,参见 Doris Kearns Goodwin, *The Bully Pulpit* (New York: Simon & Schuster, 2013), pp. 467-496。

② 根据尼克松演讲稿写作者威廉·萨菲尔(William Safire)的描述,"尼克松执政时期,新闻界就成了'媒体',这个词有一种操纵感,好比麦迪逊大道,听上去包罗万象,新闻界非常讨厌这个词"。参见 William Safire, *Before the Fall: An Inside View of the Pre-Watergate White House* (New York: Da Capo Press, 1975), p. 351。

记者报道中的华盛顿(以及其他政治权力中心)的政客,但他们会让自己在执政或谋求执政时适应公众舆论,并相信媒体会反映并影响公众舆论。①

正如一位当代绅士说的那样,20世纪50到60年代媒体对国会的报道可以称得上是"过度合作"②。在1956年,国会山(Capitol Hill)的一名记者说:"报道参议院的过程有一点像做战地记者,你真的成了自己报道本身的一部分。"③

这种政治家—记者的合体是一种标准的操作套路。④正如国会的杰出历史学家朱利安·E. 泽利泽(Julian E. Zelizer)简单评述的那样,"直到20世纪60年代中期,新闻业还是普遍尊重政治体制的"⑤。然而,这种尊重的日益滑坡让人们对政治丑闻有了更多关注。丑闻报道经常被谴责为降低了新闻的标准,严肃的报道变成轻浮和耸

---

① David Greenberg, *A History of Spin* (New York: W. W. Norton, 2016).
② Donald R. Matthews, *US Senators and Their World* (New York: Vintage Books, 1960), p. 207.
③ Donald R. Matthews, *US Senators and Their World* (New York: Vintage Books, 1960), p. 214.
④ 具体的例子参见 Michael Schudson, "Persistence of Vision: Partisan Journalism in the Mainstream Press," in Carl F. Kaestle and Janice A. Radway, eds., *A History of the Book in America*, vol. 4: *Print in Motion* (Chapel Hill, NC: University of North Carolina Press, 2009), pp. 140-150.
⑤ Julian E. Zelizer, "Without Restraint: Scandal and Politics in America," in M. C. Carnes, ed., *The Columbia History of PostWorld War II America* (New York: Columbia University Press 2007), p. 230.

人听闻的政治杂耍。尽管如此,丑闻报道的增加仍然是一个政治体制更加民主化的征兆。随着政府执政变得更加公开(1966年通过的《信息自由法》和1970年的《立法重组法》给国会的透明性带来了更多"阳光",1970年的《国家环境政策法》要求联邦机构提供并公开发布"环境影响报告"。1971年和1974年通过的《竞选资金法》,1978年通过的《总监察长法》,还有其他立法都是此进程的里程碑),政治家和政府官员更加频繁地被问责。① 民主的特征从选民通常只能在选举日对现任政府表示不满并采取行动,转变为如泽利泽所说的那样,"公民不再需要等到选举日那一天去控诉政府官员,也不再由政治家来决定何时需要进行调查"②。在某种程度上,丑闻的泛滥是由于新信息的出现,即法律要求政治候选人要报告的信息,或是新的立法坚持要求政府行政部门公开的政务信息。更为广泛地说,随着人们越来越接受妇女运动所倡导的价值观("私事亦政治"),丑闻报道也在增加,这一价值观模糊了公共与私人行为之间的界限,或者说它更有力地表明,这一界限本身就是一种人为的、性别化的建构。

对报纸内容的长期分析表明,自20世纪60年代以

---

① 完整的记录参见 Michael Schudson, *The Rise of the Right to Know: Politics and the Culture of Transparency 1945—1975* (Cambridge, MA: Harvard University Press, 2015)。

② Julian E. Zelizer, "Without Restraint: Scandal and Politics in America," in M. C. Carnes, ed., *The Columbia History of PostWorld War II America* (New York: Columbia University Press 2007), p. 236.

来，正如通俗史和"个人记忆"(personal recollections)所预示的,调查性报道的占比有所上升。但是当学者计算它占所有头版新闻报道的百分比时,它的增长幅度并不是很大。更令人惊讶的是,尽管少有记者复盘自己过往的报道,但在我认为最好称之为"情境式报道"(contextual reporting)的领域,新闻内容的分析性却有惊人的增长。正如凯西·罗伯茨·福德(Kathy Roberts Forde)观察到的那样,对这类新闻来说,是没有标准术语的。它曾被称为"阐释性报道"(interpretative reporting)、"深度报道"(depth reporting)、"长篇新闻"(long-form journalism)、"解释性报道"(explanatory reporting)以及"分析性报道"(analytical reporting)。[1] 20世纪70年代末,在史蒂芬·赫斯(Stephen Hess)关于驻华盛顿记者的独家调查中,他称之为"社会科学新闻"(social science journalism),一种着重强调多做解释的新闻模式,明确提出有意关注事件发生的原因而非事件本身。[2] 尽管这一类报道——客观性2.0的重要组成部分——从数量上讲,在网络新闻兴起之前的75年里发生了显著的变革(尤其在数量上),但它并没有一个固定的名称,也没有在新闻界对其历史发展的理解中获得过一席之地。

在过去的半个世纪中,有足够的证据表明,在新闻内容及编辑部文化中一直存在着变化。概括起来主要

---

[1] Kathy R. Forde, "Discovering the Explanatory Report in American Newspapers," *Journalism Practice* 1 (2007): 230.

[2] Stephen Hess, "Washington Reporters," *Society* 18, no. 4 (1981): 57.

有四点:第一,是新闻报道变得更长;第二,新闻报道对既定权力更具批判性;第三,记者们不吝于公开展示他们咄咄逼人的一面;第四,新闻提供了更多的情境信息以使读者理解当天发生的事情。接下来我将重点分析这些变化。

第一,新闻报道变得更长。凯文·巴恩赫斯特(Kevin Barnhurst)和戴安娜·穆茨(Diana Mutz)的一份有充分证据的研究表明,新闻报道确实随着时间的推移变长了。1894—1994 年,每 20 年对《纽约时报》《芝加哥论坛报》(*Chicago Tribune*)以及(波特兰)《俄勒冈人报》[*The*(*Portland*)*Oregonian*]进行等距抽样,他们发现这三家报纸在他们调查的三类报道(突发事件、犯罪新闻、就业相关报道)的长度上都有连续的增长。1914—1934 年,三家报纸展现的变化较小;1954 年《俄勒冈人报》在报道长度上有了显著增长,这三家报纸——尤其是《纽约时报》——在 1954—1974 年的报道篇幅都明显增长了。《纽约时报》和《俄勒冈人报》的报道在 1994 年继续变长,尽管这个增长幅度还是适中的;《芝加哥论坛报》的报道篇幅在 1974—1994 年变短,但仍然比 1894—1954 年的报道长。[①]

[①] Kevin G. Barnhurst, and Diana Mutz, "American Journalism and the Decline in Event-Centered Reporting," *Journal of Communication 47*, no. 4 (1997): 27-52, at p. 32; see also Kevin G. Barnhurst "The Great American Newspaper," *The American Scholar* (Winter 1991):110. 巴恩赫斯特的研究中包含了斯特普(Stepp)的成果,后者研究发现,1964—1999 年这 35 年中,10 份大都会日报中不足 6 英寸的短故事数量剧减,而超过 20 英寸的长故事剧增。参见 Carl Sessions Stepp, "Then and Now," *American Journalism Review* 21 (1999): 60-75, at p. 62。

巴恩赫斯特和穆茨不是在证明，比起1954年之前的简短新闻，1974年和1994年的长篇报道的质量就"更好"，但总的来说，他们所做的研究令人很难不这么认为。

第二，新闻对既定权力更具批判性。阅读美国不同区域的主流都市报，将1963—1964年，以及1998—1999年这两个时间段进行比较后（每个时间段都抽取两周），媒体分析师兼《美国新闻评论》（*American Journalism Review*）专栏作家卡尔·塞申斯·斯特普（Carl Sessions Stepp）写道："阅读1963年的报纸就是重返'水门事件'、越战、肯尼迪总统被刺这些事情还没有发生的世界，就是回到一个庞大的缺乏理想主义的文化中去。"根据斯特普的观点，早期报纸（1963—1964）似乎"对政府有天真的信任、无耻的奉承，又毫无遮拦地说三道四"。他很惊讶地发现那时的报道"根本不会去探寻原因，仅仅传递一种不容置疑、准官方的态度。世界观似乎偏向白人、男性、中年人以及中产阶级——像一个舒适而又自信满满的乐观主义者友爱俱乐部"①。这与他在1998—1999年的发现完全不同。如今，记者总会称赞具有批判性的报道，以及他们作为人民"看门狗"（watchdog）去监督政客不足的本能，仿佛这种本能是新闻业悠久传统的一部分，但斯特普的分析却发现在1963—1964年的报纸中，这类所谓"本能的"报道却很少。

斯特普得出的结论是，1999年的报纸"几乎在所有方面都远远优于60年代的报纸"。它们"内容写得更好，版

---

① Carl Sessions Stepp, "Then and Now," *American Journalism Review* 21 (1999): 60-75, at p. 65.

面更好看,更有条理,更有责任感,不那么耸人听闻,更少性别歧视和种族主义,而且信息量更大,更富公共精神"①。这些报纸没有多么特别,也没有那么多特定地方性的偏好,但无论从哪方面来说,它们都提供了更有价值的新闻。

第三,记者们不吝于公开展示他们咄咄逼人的一面。在一系列丰富的研究论文中,社会语言学家史蒂文·克莱曼(Steven Clayman)和约翰·赫里蒂奇(John Heritage)及其同事,分析了记者们在 1953—2000 年总统新闻发布会上的提问。他们发现记者们在"主动性"(在问题前会加上构建特定语境的陈述,在一次提问中会提出多个问题,或者会增加一个后续问题)、"果断性"(以引导出特定的回答——"……是真的吗?"或者"你不觉得……吗?")、"对抗性"("总统先生,某某参议员曾批评您的某政策对经济、国防和美国社会的道德造成了灾难性的后果,您如何回应?")方面都有显著增加。1969 年,这些攻击性的提问方式显著增多,之后也再没有恢复到艾森豪威尔、肯尼迪和约翰逊政府时期盛行的那种恭敬的提问风格了。

第四,新闻的情境信息越来越多,以使读者理解当天发生的事情。马克斯·弗兰克尔(Max Frankel)曾于 1968—1972 年担任《纽约时报》华盛顿分社的社长,并于 1988—1994 年担任《纽约时报》的执行主编(executire editor)。他回忆说,在 20 世纪 60 年代,报社要求提供其他新闻机构没有的"独家内容"的压力越来越大。这意味着

---

① Carl Sessions Stepp, "Then and Now," *American Journalism Review* 21 (1999): 60-75, at p. 62.

58 需要更多的分析或更多的"情绪"片段,如"'法国在搞什么鬼'或'希特勒代表什么东西'等内容"。对于驻外记者来说,这种情况甚至早在几十年前就是可以接受的,但对于美国国内地方新闻记者来说却很罕见。阿贝·罗森塔尔(Abe Rosenthal)曾在 20 世纪 70 年代担任《纽约时报》的编辑主任(managing editor),在 80 年代的大部分时候则是执行主编,他喜欢鼓励优秀的写作风格,就像他做驻外记者时亲自实践的那样。弗兰克尔回忆说:"罗森塔尔是一个笔耕不辍的写作者,拥有出色的文采。"并且是"所谓刚柔相济领导力"的掌握者。作为执行主编,罗森塔尔是兼容并包的,"他能容忍那些来自印度,甚至来自纽约布朗克斯(Bronx)的内容,只要你能写得很好、写出类似驻外记者写出来的故事"。弗兰克尔还回忆说,在他本人担任执行主编期间,也一直都在"坚持不懈地"努力,"将分析代入常规新闻报道中"。①

随着时间的推移,新闻报道变得越来越情境化,而不仅仅局限于对即时观察到的事件的描述。1960 年,《纽约时报》有关总统竞选活动的封面报道中,超过 90% 都是描述性的。但根据托马斯·帕特森的研究,到了 1992 年,这个数字却降至 20% 以下。② 记者们在更积极地参与他们自己的报道,而非仅仅为公职候选人谋好处。

在对《纽约时报》《芝加哥论坛报》和《俄勒冈人报》的

---

① Lucas Graves, unpublished interview with Max Frankel, February 24, 2009, transcript in my possession.
② Thomas Patterson, *Out of Order* (New York: Knopf, 1993), pp. 82-83.

进一步分析中,巴恩赫斯特发现,涉及事件过去背景而非当下进展(几小时或几天内)的头版报道的比例在下滑——从1894年的25%降至1914年的22%,再到1934年的21%。此后,涉及过去背景的报道比例则大幅上升——1954年为28%,1974年为39%,1994年已达49%。①

我和凯瑟琳·芬克在对"客观性2.0"兴起的研究中,对《纽约时报》《华盛顿邮报》和《密尔沃基哨兵报》(*Milwaukee Journal Sentinel*)三家报纸进行了内容分析。②我们的抽样时段是1955年、1967年、1979年、1991年和2003年,每年抽取两周的头版文章,区分了常规报道(conventional stories)(强调事件的时间、地点、人物和经过)和情境式报道(contextual stories)(着重分析事件原因,提供记者认为有助于读者理解当前事件重要性的相关信息)。

根据我们的分析,常规报道经常(尽管并不总是)侧重于政府的官方活动。这类报道包括有关立法和政策的内容,也包括公共安全,诸如法庭起诉案件、警方提供的犯罪报告、火灾应对方案和自然灾害等相关内容。对于常规报道而言,定义它的不是事件内容,而是报道方式。常规报道方式有三个显著特点。特点之一,常规报道会清晰而迅速地确定主题。通常会在导语段甚至导语中就

---

① Kevin G. Barnhurst, "The Problem of Modern Time in American Journalism," *KronoScope* 11 (2011): 98-123, at p. 114.
② Katherine Fink and Michael Schudson, "The Rise of Contextual Reporting, 1950s—2000s," *Journalism: Theory, Practice, Criticism* 15, no. 1 (January 2014): 3-20.

介绍事件的4个W"何人—何事—何时—何地"(who-what-when-where)的内容,即报道的主人公、事件经过以及事件发生的时间和地点。而且这类报道往往会忽略事件发生的原因(why),或仅仅予以模糊的阐述。记者们倾向于使用"倒金字塔"结构的叙事方式——最先呈现最重要的信息。

特点之二,常规报道的内容是已经发生或在24小时内即将发生的事件(某些情况下,报道的事件可能发生得更早,但直到最近才为公众所知)。出现在导语中的"昨天"或"今天"是常规报道的显著标志。情境式报道有时会着眼于发生在过去24小时内的事件,但同样也会聚焦长线事件,这些事件、行动或趋势会持续更长的时间;情境式报道也会为过去几天发生的连续事件提供历史背景。

特点之三,常规报道聚焦于单次事件——独立的事件,而不是长期的过程或一系列事件。这就包括计划中的活动,诸如公开的会议以及事故或自然灾害等计划外的事件。这些活动也可能根本不是事件,而是有影响力的人物在公开场合的发言,或与记者交谈时发表的观点。与此相反,情境式报道则倾向于着眼大局,为热点话题提供内容细节或背景资料。如果说常规报道是精心剪裁、密集紧凑的聚焦作品,情境式报道就是广角作品。它通常是解释性的,为传统报道的枯燥事实填补"血肉"。有时,报纸会给情境式报道贴上"新闻分析"的标签,似乎这样做将来受到的批评就会减少,但有些读者会认为这些报道将解释与事实混为了一谈。情境式报道通常以现在时态撰写,因为其描述的是正在进行的事件,而不是在过去几个小时或几天内开始并结束的事件。当然如果报道意在提供历史背景,也会使用过去时态。

很明显,情境式报道并不总是相似的。它们可能是解释性的报道(explanatory stories),以帮助读者更好地理解复杂的问题。也可能是对趋势的报道(trend stories),使用数据来展示随着时间的推移而变化的公共利益问题,诸如高中毕业率、人口增长率、失业率。还可能是描述性的报道(descriptive stories),激发读者的想象力,向他们介绍不熟悉的地方。但描述性报道不是旅行见闻——它们向读者描述的是有新闻价值的地方,而不太可能是家庭度假风景区。

描述性的情境式报道并不一定是离家很远的地方。《纽约时报》1991年的一篇报道就描述了新泽西州纽瓦克市(Newark)两种截然不同的城市形象:"一种有着闪闪发光的钢塔和玻璃塔;另一种则保留着有百年历史的铁路棚屋和多户型的木结构房屋,附近几乎没有商店或便利设施,甚至连电影院都没有。"不同的情境式报道提供情境的方式不同,但对最近或公开的事件,所有的情境式报道都会努力做到不仅限于4个W,即"何人—何事—何时—何地"的内容。

2012年5月5日,《纽约时报》头版刊登了一篇关于美国经济复苏的报道。"新闻由头"(news peg)——在过去24小时发生的新闻事件的特别参考资料栏目——刊登的是美国劳工统计局(Bureau of Labor Statistics)每月发布的就业趋势报告。根据劳工统计局的数据,4月份的就业岗位增加了 11.5 万个,而失业率则保持不变。这份报告没有提到 4 月份新增的就业岗位不到当年头几个月的一半;也没有提到在美国适龄劳动力的在职或求职率比 1981 年以来的任何时候都低;更没有写到男性占劳动力的比例在 4 月份已下降到 70%,是自 1948 年政府开始收集这一数据以来的最低水平。向读者提供了这些比较信息的并不是政府的报告,而是记者凯瑟琳·兰佩尔(Catherine Rampell)。她把一份不温不火的政府报告变成了头版新闻,并强调了经济形势依然低迷的现状。

这则报道是否被过度解读了呢?它是否提供了过多的兰佩尔自己的观点,而几乎宣告了奥巴马政府发布的乐观报告是具有误导性的呢?她有多大把握确定自己咨询了合适的经济学家?奥巴马政府正努力地重振他从小布什手中接下来的经济不断衰退的烂摊子,她是不是对陷入困境的奥巴马政府过于苛刻了呢?对此的评价可能仁者见仁,智者见智,但毫无疑问的是,兰佩尔正认真地坚守着崇尚客观性 2.0 原则的记者们的责任,这是从 20 世纪 70 年代起就被记者们所普遍接受的——不照本宣科地接受政府的声明,而是认识到它们带有倾向性(即便其在狭义上是正确的),并努力提供一个被公正且见多识广的观察者所认可的合适的背景。

表 3.1 总结了凯瑟琳·芬克和我从《纽约时报》《华盛顿邮报》和《密尔沃基哨兵报》这 3 份报纸的 5 个时间段的样本中发现的总体情况。我们可以很清楚地看到,从 1979 年起,情境式报道就在报纸中扮演着重要角色,在这 3 家报纸头版中都占据三分之一(1991 年已接近二分之

一)的内容。没有一家报纸像20世纪50年代那样只关注"他说或她说"式的简单、公正的事实,其中《密尔沃基哨兵报》在全国性的同类报纸中最为著名。更多的内容则是凯瑟琳·芬克和我所说的"情境式报道"。它在报道中提供了解释和分析——不是关于党派的分析,而是情境式的信息和框架,帮助读者将当天发生的事情置于一个可以理解的情境中。

表3.1 《纽约时报》《华盛顿邮报》和《密尔沃基哨兵报》3份报纸头版报道类型统计数据①

	常规报道	情境式报道	调查性报道	其他
1955年	85%	9%	0%	7%
1967年	79%	17%	0%	4%
1979年	60%	33%	1%	6%
1991年	51%	47%	3%	0%
2003年	47%	51%	1%	0%

是什么带来了客观性2.0原则?在美国,客观性2.0原则是因越南战争而起的,"水门事件"达到顶峰。推动它的还有高等教育的大范围扩张,"批判"甚至"敌对"文化的不断中心化,以及世界范围内大规模地对"建制派"的反抗。作为建制派的组成部分,新闻业对自己的这一角色感到不再自在。新闻业自我认同为政治"局内人"的习惯开始变得令人尴尬。"看门狗"、独立批评者和问责监督者的角色变得更加合情合理。20世纪50年代新闻

---

① 表中数据因有四舍五入,故加起来和100%有出入。——译者注

业那种自视甚高的自信从未彻底消失,但作为一套价值体系,新闻专业主义包含了对政客和记者之间分界线的假设,这个假设在20世纪的五六十年代变得不再是那么回事了。20世纪70年代,《华盛顿邮报》社论版编辑梅格·格林菲尔德(Meg Greenfield)在她的回忆录中清楚地写道:

> 在过去,我们,尤其是新闻行业中的这些人,太容易受骗,也太顺从了。就像一种共和原则一样,这种安静又恭敬的行为(肃静!政策正在制定中!)已经难以纠正。它鼓励公务员们相信自己可以为所欲为——而他们确实这样做了。①

于是在20世纪的50和60年代,在接受美国生活方式方面,新闻媒体似乎有了巨大突破,或者说达到了一个高峰。在这个时代,新闻记者可以是强大的、丰富的、独立的、公正无私的、具有公共精神的、值得信赖的,甚至偶尔还可以被有权有势的人和普通公民共同崇拜。这个时代是由两党达成的政治共识和新闻业日益增长的经济繁荣共同维持的。新闻业可以是政治体制的一部分,同时又独立于政治体制,这一点既不会持续下去,我们也不应轻易假设它会持续下去。越南战争宣告了那一刻的结束。这里仍要引用格林菲尔德的回忆:

---

① Meg Greenfield, *Washington* (New York: Public Affairs, 2001), p. 89.

> 隐秘性决定了在华盛顿的那些掌权者是最清楚事情真相的。如果愿意,他们就可以让事情发生。他们中几乎所有人的行为都可以说成是为了公众的利益。在享有隐私权和自由裁量权的同时,他们可以去做在他们的判断中所谓对国家有益的任何事情。①

那些建立在第二次世界大战和随后的冷战上的轻率假设在越战中崩溃了。话虽如此,但如果把客观性 2.0 原则的出现,以及对解释的必要性的认识看作过去的事,或是独一无二的美式术语,那其实是不对的。研究表明,瑞典电视新闻在 20 世纪 70 年代及之后的发展过程中,进行了更多的"批判性审查"报道;随着时间的推移,日本广播(电视)业对政治精英的尊重程度越来越低;英国电视新闻记者对政客的态度变得更加激进与挑剔;巴西、阿根廷和秘鲁的纸媒记者越来越咄咄逼人,并且更喜欢报道丑闻。②

客观性 2.0 原则正是基于一种最终可能也会威胁自

---

① Meg Greenfield, *Washington* (New York: Public Affairs, 2001), p. 85.
② 参见 Monika Djerf-Pierre, "Squaring the Circle: Public Service and Commercial News on Swedish Television, 1956—99," *Journalism Studies* 1 (2000): 239-260; Ellis Krauss, "Changing Television News in Japan," *Journal of Asian Studies* 57 (1998): 663-692; Paddy Scannell, "Public Service Broadcasting and Modern Public Life," *Media, Culture & Society* 11 (1989): 135-166; and Silvio Waisbord, "The Narrative of Exposés in South American Journalism," *Gazette* 59 (1997): 189-203。

身的理由——对权威的根本怀疑而出现的,"质疑权威"（20世纪60年代之后成为新闻业的口号）、"新闻监督"（一个只有在20世纪60年代及之后才流行起来的短语）连同"问责新闻",一起重新回到新闻业自身,这一切也就毫不奇怪了。

四、超越客观性2.0？

未来是否还会有专业化原则的提升,客观性原则会进一步升级为客观性3.0吗？还是说我们应该准备好在某个时刻宣布,新闻业已经超越了客观性？我还没准备好预测未来。但是作为迈向未来的基础,我确实对"关于真正的新闻业,我们应该承认什么"有一个初步的认识。重要的是,新闻业不应像今天这样"在倒洗澡水时连孩子也扔掉"——丢掉自身的专业精神。用户生成的内容（User-generated content, UGC）已经显示了一定的价值,但它是随机的,且通常基于偶然性,而不是一种定期产出。党派新闻也很有启发性——不是指对党派的花言巧语、内部纷争、意识形态宣传或捏造事实的报道,而是指对某特定党派价值观所引发的问题的报道,以及以此为根据的基于事实的话语实践。

然而,我在哥伦比亚大学新闻学院的同事坚持认为,应该让学生学会"逆着自己的假设去报道"的专业精神——这种精神受到全国数百家新闻编辑部的重视,并被众多新闻学院传授。如果你坚定地相信"堕胎合法"（支持妇女选择堕胎的权利,如果她愿意的话）,而你被指派去报道反对堕胎的活动(该活动宣称堕胎是谋杀,并且几乎反对任何理由的堕胎),你要负责理解反对堕胎的人们的立场和原因,你的任务就是公正准确地报道这种立场和它的拥护者。如果2010年在康涅狄格州(Connecticut)参议院里,你最喜欢的候选人是理查德·布卢门撒尔(Richard Blumenthal)——他也是《纽约时报》编辑部最喜欢的候选人——然而作为《纽约时报》的记者,你在报道竞选时发现布卢门撒尔对他的兵役问题发表了不实言论,那么,你就要如实报道他的服役记录,以及他是如何歪曲事实的。你这样报道是因为这才是好新闻——是与康涅狄格州的选民有密切关系的新闻。当然,你也要和布卢门撒尔谈一谈,并报道他对自己说法的解释。而这正是《纽约时报》所做的。2016年,不是福克斯电视新闻(Fox News),也不是布赖特巴特网新闻(Breitbart News),而是《纽约时报》,报道了希拉里·克林顿担任国务卿时使用私人电子邮箱进行公务信息往来,并传递包括国务院机密等消息的事。《纽约时报》是一家专业的满足客观性2.0的新闻机构,它拥有专注于客观性1.0和客观性2.0的记者与编辑。他们关注新闻故事本身,而不是他们自己、出版商或者社论版编辑的偏好。

可是在2018年及以后呢?专业的新闻业仍在竞相报道新闻事件的来龙去脉。它仍然有一种调查的道德准则和敢于追究政府责任的决心,它会用一种不那么有组织和不那么坚持的方式,让其他权力中心,尤其是企业权力也承担责任。它可能还需要包含与优质报道理念一致的透明性——事实上,有时你不能公开注明你的消息来源,因为被采访者不会在没有保密承诺的情况下和你交谈。被采访者对丢失工作的担心是合乎情理的,在某些情况下,他们还会担忧自己遭到人身攻击或谋杀。

在过去的几年里,人们一直在讨论透明性可以很好地代替客观性,成为新闻业的原则,但在我看来,这种想法是完全错误的。它似乎接受了关于报道的最愤世嫉俗的观点——记者会受到自己先入为主的意见和偏好的驱使。如果这种既定的假设被揭露出来,读者或观众似乎就有了必要的工具——也就是说,他们能看穿记者报道新闻时的所思所想。但是,每个接受过任何身体或者心理技能训练的人都清楚:你可以通过训练摆脱坏习惯,甚至是根深蒂固的坏习惯。比如,你可以通过训练——成为一名画家、一名虚构或非虚构小说的写作者、一名心理医生,或是一名观察眼前世界并采取相应行动的记者。我曾经上过一门"生活绘画"课,老师的口头禅是"画你所见"。"但那不就是我正在做的事吗?"我问他。"才不是呢,"他坚持道,"你只是画出了你认为你应该看到的东西。是先入为主导致你认为自己应该这么画。你应该离你面前的模型更近些,然后画出你真正看到的东西。"这种提醒虽不足以让我成为一个伟大的艺术家,但是我的绘画水平确实有了显著提升。

如果"客观性3.0"主要是关于透明性的,那么它可能会要求公开披露记者某些方面的背景和资历,但如果没有公众的理解,这种做法可能是行不通的——披露虽不是要取消记者的报道资格,但毕竟不安全。如果记者不用Facebook,他们能报道有争议的Facebook政策吗？然而,如果他们用Facebook的话,会不会更糟？如果你开一辆日本车,你能报道底特律的汽车工业吗？你会因为这种偏见而失去报道资格吗？还是说开一辆底特律制造的车反而会让你产生偏见？一个男士,或是一个曾经有过堕胎或没有堕胎经历的女士,能公平地报道关于堕胎的故事吗？报道"反对堕胎或支持堕胎"运动的记者,是否应该在文中注明周遭亲朋好友和家人关于堕胎的经历和态度(因为这会影响记者报道的倾向性)？

在身份政治的时代,这些问题并非无关紧要,但是,它们亦不会促使任何人将充分披露作为新闻职业道德的新标准。我认为这样只会使新闻业陷入一种两难的境地:一方面它要用"只报道事实"的"紧身衣"来约束自己(放弃自己的个体倾向);另一方面,又要坚持合理的解释性报道和情境式报道,以杜绝政党式宣传。有些人可能会在不久的将来关注这个话题,但是目前为止我对此还没有兴致。因为我认为透明性原则作为一种政治理念不可能否定或代替客观性原则。

在我看来,客观性1.0——对基于客观事实的报道给予尊重——是记者工作的一部分。但是客观性1.0否认了记者工作的另一部分——他们不仅报道事实,也需要创作新闻故事。客观性2.0接受了结构性报道的需要,这样读者就可以借助充分的背景和分析来理解新闻。有时,这可能使报道事实的中心地位退居其次,但这并不能埋没报道事实的重要性。客观性3.0的出现也一定要承认对报道事实的要求和对讲述一个可理解的新闻故事的需要。我无法想象，在根本上不再坚持"证据为本"的新闻业还能保持可靠的专业性。也很难想象，从业者在保持新闻专业可靠性的同时，会忽略客观性2.0所强调的调查和分析的进步意义。而我所能想到的客观性3.0，也许会在客观性2.0的基础上增加有关记者同理心的共情原则。

我的意思其实很简单。想想医生职业中存在的两重性，他们既是接受过科学训练的科学家又是受过专业教导的医者。他们的工作有科研的色彩，同时要时常切身接触独一无二的形形色色的患者。一个天才的、优秀医生（至少对我来说）必然能将这两种角色合二为一，游刃有余。他既能掌握学校教授的理论，也具备丰富的临床经验。他有知识又有技能，任何算法都不能代替他知识与技能的结合，以及他的临床诊断。一个拒绝接受双重工作中任意一面的医生其实都是在否定自己职业身份的一部分。

同样地，记者在以客观性3.0原则进行的新闻实践中，应该接受他的工作是报道有关当代生活的新闻。通过报道，记者们致力于建构一个真实的，并在很大程度上是可以被验证的世界。通过将这些报道变成新闻故事，记者可以赋予自己的报道一种易于理解甚至引人入胜的形式。这种以故事形式呈现的报道有其独特意义，它们不仅是白纸黑字的文稿，还是报道和故事的结合；不仅可以是信息和提示，还能触动人，甚至改变人。为此，记者必须做到设身处地。这不是有关情绪敏感性的问题，而是要站在自己固有立场之外从更深的层次进行报道的问题。的确,一个曾经堕胎并对此感到后悔的女性,在报道堕胎或反对堕胎运动时并不能完全摒弃自己的这种经历。同样,另一位也曾经堕胎,并觉得这是个经过深思熟虑后的明智决定的女性,也不能完全把自己的经历抛在脑后。但是,这两位都可以在提出自己观点的同时考虑他人的立场。当然,人们总是很难成功取得平衡,但我们可以更经常地试着这样做。一个给孩子提供建议的家长、一个辅导学生的老师、一个帮助病人的护士、一个给予好友建议的人都可以说,"让我试着设身处地为你想想",这是一种能够客观运用同理心的行为——在这个非常强烈地鼓励我们要去表达自我的时代,这种行为在新闻业中意味着什么,值得我们深思。客观性3.0鼓励一种不表达的行为规则,它要求我们暂时把自我表达放在一边。它有一种分寸感,而分寸感也是共情能力的一种表现。

下一个阶段的新闻伦理标准不是透明性或公开性,而是完全接受新闻是在"报道故事",而这个看似简单的短语的复杂性就在于记者必须尽其所能地去适应它。没有故事性的报道只实现了报道的部分目的;一个没有经过报道的故事是不可信的,是空想的,甚至可以说是一个谎言。就像要同时掌握科学理论和临床经验的医生一样,记者其实也难以完美地完成这项艰巨的任务。但如果他们把这项任务完成得很好,就会令人大开眼界,因为新闻业拥有社会上其他机构所没有的权力——负责对公众曝光,这也是巨大的公共利益的本源。记者承担这一艰巨任务,并不是为了实现某个特定的政治目标,而是为了实现这个职业更大的使命:公正地追求真相,就算这个真相多么令人不适或这个过程要经历多少艰辛,但这是新闻业能为社会作出的最大贡献。

第二编

深入当代新闻业

第四章 新闻业独立性的危机

这是本书中最早的一篇论文,最初发表于2005年,被收录于罗德尼·本森(Rodney Benson)和艾瑞克·内维尔(Erik Neveu)主编的文集《布尔迪厄与新闻场域》(*Bourdieu and the Journalistic Field*)(也由Polity出版社出版)。对于那些毫无保留地赞扬新闻独立性的观点,我认为这篇文章是一种纠偏。为了适应当下的语境,我对已发表的文章内容稍做修改,重新刊登在这里。

皮埃尔·布尔迪厄(Pierre Bourdieu,1930—2002)是过去半个世纪以来最具影响力的一位法国社会学家。为理解社会生活中彼此相关的不同领域是如何求同存异的,布尔迪厄引入了"场域"概念来对此提供解释性术语和框架,他认为每个社会场域都有一定程度的自主性,但这需要人们在一定程度上实事求是地对其进行理解。布尔迪厄注意到,不仅每个社会场域都有自己的逻辑,而且有些场域在逻辑上比其他场域更具独立性。他以诗歌和数学领域为例,认为相较于它们与外部社会、经济和政治现象的联系而言,它们的内部逻辑在其发展时更具决定性。

关于新闻业这个场域,布尔迪厄带领他的学生进行了许多研究,探讨新闻业是如何独立于其他场域的,并试图把新闻业纳入自己的学术领域。其实,这也是新闻业的批评者和捍卫者长期关注的问题:新闻业如何才能避免被商业目标驱策,而丧失在经济场域(市场)中的大部分自主性?新闻业如何才能不因屈从于政治场域和国家力量而受到损害?

在这些讨论中没有严肃考虑的问题是,一个完全独立于其他场域的新闻场域就是一个理想世界吗?这种假设是站得住脚的,新闻业内部以及有关新闻的大多数学术的、流行的讨论都坚称新闻业应该完全自主,追求真理且不受限制,就如《纽约时报》出版人在1896年就写下的"不偏不倚"(without fear or favor)原则。但是从民主理论的角度来看,新闻业究竟应该自主到怎样的程度呢?

在实践中,新闻的自主性是复杂的。请看丹尼尔·哈林在1986年对美国关于越战的新闻报道所做的代表性研究。哈林指出,报界对政府官员的顺从和对冷战意识形态的默许,导致大众对肯尼迪和约翰逊政府逐步推进的越南政策的批评减少了。当然,批评声是逐渐消失的——人们在一开始并没有完全沉默。新闻场域确实受到政治场域的影响,但程度各有不同。电视网就比印刷媒体更唯唯诺诺,而印刷媒体的标题又比它的新闻报道内容更加温顺谦恭。在报刊中,头版新闻比内页新闻更顺从,而头版报道的导语和开头段落又比结尾更加谨慎。记者通常会援引高层政府官员的最新权威观点,但越往后看,记者就会更多地涉及政策讨论和具体详情,这些细节更接近政策走向和政策意图的核心。哈林在他的文章中写道:"这类报道一般以极少透露实际辩论过程的政策说明开头,随着报道的逐渐深入进入尾声,越到后面信息就越丰富,逐渐削弱了开头的信息的重要性——并向真相靠拢。"[1]

对哈林来说,20世纪60年代的美国媒体绝不是独立于国家权力的。尽管哈林承认,美国新闻业已经变得越来越专业化,并以自身职业惯例和职业道德为主导。但他坚持认为,以专业化来区分自治的新闻业和早期作为政府内部的合作者的新闻业是错误的。他的阐述如下:

> 客观性新闻并没有将新闻与政府之间的联系完全割裂,而是韦伯式地将这种联系合理化(理性化):将这种联系建立在这样的坚固基础之上,即将判断新闻的专业标准的一系列抽象原则具体化为客观性原则。这样,一个政党或政治家再也不可能像控制机关报刊那样控制任何新闻媒体;政府高级官员也不再需要这样做,因为他们的观点肯定能出现在所有主流媒体上——而且免于受到"不负责任"的攻击——这源于他们身份地位的权威,而非他们属于某个

---

[1] Daniel C. Hallin, *The "Uncensored War": The Media and Vietnam* (New York: Oxford University Press, 1986), p. 78.

政党或坚持某个政治立场的权威。[1]

在哈林看来,新闻业并没有实现其抱负——或其曾夸下的海口——成为人民监督政府的"看门狗"。媒体与政治的关系太紧密了。用哈林而不是布尔迪厄的话来说,媒体与政治的关系已经日趋合理化(理性化),在某种程度上,政府官员在新闻中享有特权。当然,显而易见的是,一个新闻机构,甚至该机构的新闻报道,对政治的从属程度是不断变化的。

W.兰斯·班尼特(W.Lance Bennett)认为,政治新闻报道已成为政府高级官员观点的"索引"。[2] 哈林还有其他人对美国的研究都证实了这一点。埃里克·达拉斯(Eric Darras)在对法国电视新闻采访节目的研究中也阐明了同样的观点。他发现,这些节目对嘉宾的选择主要依据其在政治精英阶层中的排名。人们可以想象其他的可能性——记者选择的嘉宾不是能拓宽政治辩论议题的人,就是具有可以吸引更多观众的魅力和言辞,能使节目在商业上更具吸引力的人——但这两种想象都不符合实际的证据(实际的原因是媒体与政府之间的关系早已合理化)。[3]

---

[1] Daniel C. Hallin, *The "Uncensored War": The Media and Vietnam* (New York: Oxford University Press, 1986), p. 70.
[2] W. Lance Bennett, "Toward a Theory of Press-State Relations," *Journal of Communication* 40 (1990): 103-125.
[3] Eric Darras, "Media Consecration of the Political Order," in Rodney Benson and Erik Neveu, eds., *Bourdieu and the Journalistic Field* (Cambridge, UK: Polity, 2005), pp. 156-173.

布尔迪厄本人曾建议记者建立一种"对抗商业化"的自主意识。美国语境下,这是新闻记者耳熟能详的一种常规讨论方式,新闻采编部门要与"商业分支"中负责出售受众和广告版面的部门分开,这被称为新闻业的"政教分离"。这种不恰当的类比,正说明新闻业的根基,以及其受到宪法保护的合法性使命,就是独立地采写新闻。在美国,新闻业有一个百年之久的传统忧虑,即对因广告商的压力或逐利的出版人的胁迫而放弃新闻自由的担心。20世纪90年代,《洛杉矶时报》(the Los Angeles Times)为该市新的会展和体育中心开设的增刊"新闻"("news"),实际上是一个大型付费广告栏目,它后来变成一桩全国性的丑闻。这个丑闻后来成了常规性操作"原生广告"的代名词,二者在本质上是一样的,只是后者在一个不起眼的地方加了一块遮羞布:读者刚刚读到的那篇惟妙惟肖的新闻故事,实际上是一支付费广告。

对美国记者而言,对新闻场域的自主性建构不仅是为了防范经济场域的影响,也是为了警惕政治场域的影响,他们怀着对违法行为的巨大的道德愤慨,监督防范政治权力的暗箱操纵。尽管《宪法第一修正案》明令禁止政府限制新闻自由,但有关规定直到20世纪20年代才在法庭生效。不过,《宪法第一修正案》确实是美国新闻界安身立命的基石。《宪法第一修正案》有时还会被法院宣读,新闻机构借此彰显出版自由或新闻自主权的合法性,即媒体所有者自由出版的神圣的、不可侵犯的权利。以帕特·托尼洛(Pat Tornillo)案为例,他曾在1972年竞选佛罗里达州立法机关的一个职位。佛罗里达州最具影响力的报纸《迈阿密先驱报》(*Miami Herald*)发表社论对他进行了严厉的批评。托尼洛要求《迈阿密先驱报》用相应的版面刊登他的回应,为此,他引用了1913年佛罗里达州的一项"回应权"法令(right-of-reply statute)。该法令规定,如果报纸攻击公职候选人的个人品质,就需要为此人提供与抨击所占版面相当的回应版面。但《迈阿密先驱报》拒绝了托尼洛的这个要求,于是托尼洛提起了诉讼。佛罗里达州最高法院最后裁定依照"回应权"法令行事,以服务于"信息向公众自由传播的广泛社会利益"。

世界上大多数民主国家也都会同意这一裁决。"回应权"法令是常识,而且它显然也与一般的公平规范原则相一致。但是,美国联邦最高法院驳回了佛罗里达州法院的判决。联邦最高法院大法官拜伦·怀特(Byron White)认为在佛罗里达州的法规中有"政府干涉的一只黑手",使政府能够"审查监视大众可能阅读和了解的一切内容"。对于怀特法官来说,如果资本市场成为破坏新闻自由的审查者,这或许令人遗憾,但它并没有违反宪法。而政府权力对新闻自由的审查则是被宪法禁止的。①

虽然新闻自主性的特征因地而异,但在世界各地,新闻记者们都认识到培养独立判断能力的重要性,并为反对屈从于政治权力和资本市场而斗争。但是,假设他们完全成功了,从商业场域和政治场域中获得了完全的独立,他们就是真正自主的吗?布尔迪厄的精妙观察是本

---

① *Miami Herald Publishing Company v. Tornillo* 418 US 241 (1974), p. 260.

文其余部分的有力落脚点:"自主性会导致场域主体谋取特定利益的'利己闭环(egoistic closing-in)'。"①布尔迪厄在这个理论术语中重申了对实践政治的控告。保守派经常对美国主流媒体怨声载道——记者们自己也被笼罩在这种抱怨声中——保守派认为记者是自由派精英,会将自己的价值观强加于人。记者们总会寻求"政治正确"(politically correct)。在欧洲或北美任何一个拥有悠久教会传统的民主国家中,记者几乎都是世俗的。因此,当大部分有政治权力的人对过于宽松的堕胎法深感不安时,记者们却是女权主义和倡导堕胎合法化的拥护者。

至少自20世纪60年代以来,保守派对新闻业的这种指控就广为流传。唐纳德·特朗普总统粗鲁地再三提及这些指控,使它们变得更为有名。即使是那些早期指控通常也很极端。保守派批评人士不能理解新闻媒体是如何与占主导地位的政治对话——编制"索引"——并紧密相连的;他们也不理解记者们是如何严肃认真地将客观性作为最高职业准则来坚守的。即便如此,美国主流媒体的基调不是政治自由派就是社会自由派(尽管可能并非从上到下的美国媒体都如此)。因此,就目前来看,无论是保守派所言的"利己闭环",还是那些希望主流新闻媒体能对时事政治给予客观解读的人,新闻业的自主性应该引起关注了。

在新闻的日常实践中,自主性是诚实的编辑和记者

---

① Pierre Bourdieu, "The Political Field, the Social Science Field, and the Journalistic Field" in Benson and Neveu, eds., *Bourdieu and the Journalistic Field*, pp. 29-47, at p. 45.

追求的工作前提。一方面,他们不想屈从来自政府官员的压力,另一方面,他们也不想屈从来自媒体所有者、广告商和市场竞争的压力。他们想要忠于自己的专业判断。当然,"新闻判断"并非个人层面上的"他们自己的判断",而是作为新闻场域或新闻共同体所合力构建的"他们的判断"。这些评判标准并没有被编成法规,也不完全一致。所以在一些棘手的情况下,记者和编辑必须就一些问题展开讨论:"这是一个新闻吗?是头版新闻吗?我们刚刚得到的消息或传言值得追踪报道吗?"没有任何原则可以通用于所有情形,亦不可能有两家新闻媒体以完全相同的方式运行。但记者们仍然有着相同的职业操守,并发展出作为庞大职业共同体沿袭的评判标准,尽管有时这些评判标准会比较古板。从这方面来看,当记者从国家和市场中获得自主性时,他们并不是获得了个人表达的自由,而是获得了集体性的自由,这种自由要恪守新闻场域内部共同体的价值观和其对实践的指导。

这就提出了一种可能,即对于那些不受国家和市场影响的职业媒体人士来说,完全的自主性并不一定是为了民主社会的最佳利益而给予他们的便利。记者的确应该努力摆脱商业和政府的掌控以免于腐败,但是,如果在同行群体的舆论环境中随波逐流,这也是一种会导致严重后果并会损害到他们自己的权利的堕落。记者群体就像一个信念统一的小型准宗教团体,祈祷着预言中的世界末日来临时,一艘飞船会将他们从地球拯救出去。然而当预言中的世界末日到来时,飞船并未降临,地球也未被毁灭,这个群体也没有改变对千禧前景的信心,反而去努力解释为何预言的日期弄错了。我们还可以思考一下科学哲学家托马斯·库恩(Thomas Kuhn)对科学共同体的重要阐释。库恩指出,科学共同体服膺于一个占支配地位的科学范式,也许在这个科学范式内很多谜题都无法得到解决,但人们对该范式的服膺却会继续。甚至当一个全新的、更成功的范式出现时,坚守旧有范式的信徒也不会因此转变——但是当更年轻的科学家拥护新观点时,这些旧范式就会随着老人们的消逝而最终消亡。①

如果新闻业是完全自主的,难道它不会像科学范式一样枯竭消逝吗？比起科学共同体,新闻业是否更缺乏改善自身知识狭隘的能力？实际上,记者们几乎从未尝试过对他们自己的范式发起挑战。新闻业之所以能保持活力,不断变化和发展,是因为记者工作的公共性质和他们所处的非自治环境,还因为他们做出的新闻报道总是会引起报道对象的抱怨与批判；类似地,受众也会对记者的报道感到失望、不满,甚至厌烦,因而取消订阅、更换频道,或在 Twitter 和新闻机构官网的评论区进行公开批评。记者们相对于政府和其他政治信源的弱势,使他们在这方面要始终保持清醒、敏感；而记者们面对受众——市场的弱势,也使他们如履薄冰。对新闻业有利的事情可能也是灾难性的——例如在政治场域的宣传,或在经济场域投其所好地迎合受众。但是如果缺

---

① 关于迷信,参见 Stanley Schachter 的经典研究,*When Prophecy Fails* (Minneapolis: University of Minnesota Press, 1956); 关于科学,参见 Thomas S. Kuhn, *The Structure of Scientific Revolutions* (Chicago, IL: University of Chicago Press, 1962)。

少这些强大的外部压力，新闻业最终只会走向自说自话和自私自利。

使新闻业保持活力，却总是被社会科学家们忽视的因素，是新闻业对政府和市场的依赖，以及对戏剧性突发事件的依赖——这样的戏剧性因素，无论是国家还是市场抑或是记者都无法预测和控制。意外事件，从暗杀到恐怖主义再到龙卷风，都是"新闻激情"（journalistic passions）的核心，超出了既定权力的预见范围。1979年，宾夕法尼亚州三里岛（Three Mile Island）的核电站事故，迫使美国媒体关注环境问题和能源问题，以及核电站的潜在危险。任何抗议运动或蓝丝带委员会都永远无法做到这一点。但是像三里岛这样规模的突发事件，或是更具灾难性的"9·11事件"总是罕见的。于是白宫记者团尽可能24小时不间断地"盯着"总统，这并非因为总统是"大人物"或"万人迷"，而是因为他有可能遭到暗杀或心脏病发作。这样的新闻报道原则或许不近人情，但它却是报社组织新闻工作的方向。

报道飓风、洪水或谋杀案可能会为记者个体带来职业进阶，甚至还可能为新闻机构赢得荣誉大奖。然而大多数新闻都是日常报道，而美国新闻业的意识形态始终坚持的却是日常报道之外的探索和挑战。要适应新闻的这一特性，并不比历史学家分析萨拉热窝（Sarajevo）或达拉斯（Dallas）刺客的子弹更容易，虽然子弹没有特殊的逻辑，但这些事件却影响着世界史的进程。好在一门了解新闻业的社会学已找到方式来解决这个问题。

新闻场域的区隔，在其与市场及政治的关联中可以消解，相对来说，这种区隔却也隔断了其他群体对新闻场域的影响。年轻人偶尔会组织起来，试图影响新闻对青少年的报道，但他们经历的是一场艰苦卓绝的斗争。①学术专家们也希望他们的观点能够引起媒体的高度重视，但这种希望总被无礼地拒绝。在美国，记者一般都会找某类专家来评论时政——这些专家不是现在就是曾经与政府关系密切，也善于评述与预测政府的决策。那些想要与"华盛顿内部（权力中心）"保持一些距离的权威，如果想就冲突事件的历史性和政策的道德性提出自己的观点，就不太可能引起有截稿时间限制的记者的关注。②

那么人们认为新闻业应该拥有多大程度的自主性呢？民主政体论者不应该希望记者像数学家和诗人那样自我封闭，远离外界的压力。至少包括我在内的一类美国人认为，新闻并不是为一群个体思想者和真理探寻者提供的平台，新闻业是由一群充满能量、消息灵通并拥有好奇心的沟通者组成的共同体，他们想要努力维护社会本身及社会和环境的协调发展。作为社会公共意义的主要传播者，以及在广大受众面前集中展示不同领域理念和价值的平台，新闻业在一定程度上——程度多少很难衡量——依赖于市场。市场不能完全代表普通大众，但

---

① Eric Klinenberg, "Channeling into the Journalistic Field: Youth Activism and the Media Justice Movement" in Benson and Neveu, eds., *Bourdieu and the Journalistic Field*, pp. 174-192.

② Janet Steele, "Experts and the Operational Bias of Television News: The Case of the Persian Gulf War," *Journalism and Mass Communication Quarterly* 72 (1995): 799-812.

79 　　毋庸置疑的是，会有不同的市场和细分的市场与不同受众对应，以代表不同的公众和公共要素。

　　记者应该发挥特别作用以协调国家的运作。根据民主理论，我们可以提出一个观点，那就是新闻业应主要致力于转述和传播从政者——民选和被任命的政府官员，以及有意担任公职者——的观点。毕竟，记者们可以决定哪些信息、哪些历史及哪些背景应该流向希望了解政治生活的公民。为什么一个民主国家在某个特定时刻应该信任引领当时知识潮流和时尚的新闻工作者，而不是信任那些由各种压力驱使的民选的合法政治家？也许根据民主原则，记者应该集中精力向公民报道他们选出代表的言行，让作为选民的公民以此对就职领导人进行评判和投票。①

　　当然，这会大大窄化政治新闻的作用。所以，新闻工作者不应堵塞自己或其受众分析和批评的渠道。即使政客们满足于固步自封，记者们也应该积极主动地去帮助他们打开乌烟瘴气的政治领域之窗，好让他们与公共领域"声气相通"。与此同时，记者们可以也应该给予人民选出的公职代表们更多的空间和关注。毕竟，记者对当选议员和总统一定程度上的尊重，体现了一些普通的民主美德——责任感、谦逊、场合意识和分寸感。

　　如果新闻报道在观点上足够分散和多样化，如果新

---

① John Zaller, "Elite Leadership of Mass Opinion: New Evidence from the Gulf War," in W. Lance Bennett and David Paletz, eds., *Taken by Storm* (Chicago, IL: University of Chicago Press, 1994), pp. 186-209, esp. pp. 201-202.

闻记者来自各个阶层并能呈现不同的立场,如果新闻业为了保证新闻的多样化而在制度上能自我批评……简言之,如果新闻是多元化的,那么自主性可能不仅有利于喜爱自由创作的新闻工作者,也会有益于民主制度。媒体组织内部的多元化也有助于为社会学家赫伯特·甘斯(Herbert J. Gans)所说的"多视野新闻(multiperspectival news)"①开辟出一片空间。诚实的观察者们可能会对某个国家新闻多元化的程度,以及如何衡量这种程度产生分歧。只有当新闻业相对多元化,相对容易受到政府信源的反诉和市场竞争的冲击,而记者们还对日常事件保持好奇心时,我们才有信心,新闻业不会被思想偏狭的专业精英束缚。

以上观察结果体现的问题比它们所能回答的更多。新闻工作者在寻求独立性,努力摆脱国家和市场的威胁时,怎么做才能不被自己新闻群体的偏好和偏见所左右呢?还有,什么样的新闻所有权、招聘方式、新闻文化和组织结构,能够使新闻采集对不同的意见保持开放的姿态呢?对政府和市场的依赖,为注入民主情感和民主价值观的新闻生产提供了大众传播的途径,那么我们有没有可能认识到,对政府的依从会变成被政府奴役,对市场的依赖会变成被市场疯狂的剥夺呢?

最后我想说的是,新闻自主性应该得到重视,但这并不是为了新闻业本身的利益。新闻业可以做很多事情,但有一件事是它的责任也是它的使命——根据其历史、

---

① Herbert J. Gans, *Deciding What's News* (New York: Pantheon, 1979).

传统及其最高理想,还有它的合法性来源——那就是为自由式民主服务。当然,新闻业始终都在寻求自主性,但当自治与民主社会的最佳实践发生冲突时,自治必将受到挑战。

第五章 比利时"入侵"德国：再论伪新闻——不完善、专业化与民主

本文缘起于 2017 年一次有关伪新闻的研讨会的主旨发言，这次会议是詹姆斯·E.卡茨（Jmaes E. Kats）和波士顿大学新兴媒介系（the Department of Emerging Media）举办的。几个月后，我修改了此文，又在拉里坦山谷社区学院（Raritan Valley Community College）做了一次演讲。之后，它又经反复修改，现在是第一次公开出版。本文也将出现在詹姆斯·E.卡茨为麻省理工学院出版社编辑的有关文集中，当然会是以一种略微不同的形式。

唐纳德·特朗普，这个名字，我会在这里提到几次。我只想说，他不是让真理与政治的关系变得紧张、痛苦的始作俑者。乔治·W.布什也不是，尽管斯蒂芬·科尔伯特（Stephen Colbert）在 2005 年受到小布什理论与真理特殊关系的启发，提出了"真实化"（truthiness）的概念。科尔伯特说，布什总统会接受"感觉"上的真实——接受他想要的真实。

其实，自从报纸诞生以来，人们就一直在抱怨假新闻或伪新闻。关于

"真理与政治"(thuth/politics)关系的严肃评论可以追溯到几个世纪以前。但哲学家汉娜·阿伦特的《真理与政治》(1967)①则是"真理与政治"批判历史上的一个里程碑。这篇文章没有被发表在哲学杂志上,而是刊登在50多年前的《纽约客》上。那时,唐纳德·特朗普还在读大学,斯蒂芬·科尔伯特才3岁,马克·扎克伯格还没有出生,但真理与政治的关系就已经不太融洽了。

阿伦特的文章是一个起点,让我们意识到确定真相有多么复杂,评估真实与否有多么困难,人们编造事实有多么危险。更令人恐慌的是,当下,谎言与真相一样在以我们无法想象的速度传播,通常是由所谓的"自动程序"(bots)代理,这些程序本身就是彻头彻尾的谎言,它们通常是一种在线机械装置,通过编程来评论、点赞、攻击、转发,冒充人类在网上传播信息。我将试着把阿伦特的观察与新闻业特别地联系起来。事实上,在过去100年甚至120年里,新闻业已经成为现代社会寻求真相的关键机构之一(如果你认为在那之前新闻机构与真相的关系就特别密切,请参见第三章;如果你对当代新闻业在经济困境下是否还能继续其对真相的贡献,请参见第七章)。

像科学一样,像所有人类为追寻真理而付出的努力一样,新闻业也并不完美。但从历史上看,新闻业在过去1个世纪以来已成为一种天命、一种专业,我想强调这个

---

① Hannah Arendt, "Truth and Politics," *The New Yorker*, February 25, 1967, pp. 49-88.[Repr. in Hannah Arendt, *Between Past and Future: Eight Exercises in Political Thought* (New York: Viking, 1968) pp. 227-264]

事实——这一事实至关重要——事关我们所有人以及一个自由式民主社会的未来。

阿伦特认为,权力威胁着真理,尤其威胁着"事实真相"(factual truth),而不是"二加二等于四"这样的"形式真相"(formal truth)。事实真相更容易受到攻击,因为"事实和事件——人类共同生活和行动的必然结果——构成了政治领域的文本"①。但是,阿伦特意识到,这样的事实也受到了质疑:

> 独立于意见和解释的事实真的存在吗?一代又一代的历史学家和历史哲学家难道没有证明不经解释就不可能确定事实吗?因为事实必须先从杂乱无章的、一大堆发生过的事件中被挑选出来(而选择的原则肯定不是依据其是否为事实性材料),然后被编织成一个只能从某个角度讲述的故事——这个故事可能与最初的事件已经毫无关联了。②

对于阿伦特来说,从解释中辨别出事实的复杂性,并不构成反对事实存在的理由。她讲了一个关于乔治·克里孟梭(Georges Clemenceau)的小故事。作为第一次世

---

① Hannah Arendt, "Truth and Politics," *The New Yorker*, February 25, 1967, pp. 49-88, at p. 50.
② Arendt, "Truth and Politics," *The New Yorker*, February 25, 1967, pp. 49-88, at p. 52. 本段翻译援引的阿伦特的《真理与政治》一文参考了阿伦特《过去与未来之间》(王寅丽,张立立译,译林出版社 2011 年版,第 210—246 页,第 222 页)。——译者注

界大战期间的法国总理,在战争结束后的几年里,克里孟梭提出了一个问题,究竟哪个国家应该为发起这场可怕的、震惊世界又毫无意义的战争负责。克里孟梭被问及未来的历史学家会做出怎样的结论,他回应道:"这个我不清楚。但我肯定,他们不会说是比利时入侵了德国。"现在,如果你对"一战"的历史有点生疏,让我来提醒你,1914年8月4日,德国军队踏上了中立的比利时的国境。德国人承认这一点,比利时人也承认这一点。当时,战争宣言已经在欧洲上空盘旋了一个星期,但这个时间节点才是血腥侵略的开始,德国军队在入侵他们的交战国——法国的途中袭击了比利时。

克里孟梭断言,有些事情就是简单的事实。阿伦特起初似乎也同意这个观点,尽管她已经承认现实是由社会建构的。但后来,她动摇了。她补充说,这一事实——德国军队于1914年8月4日入侵比利时——和其他任何事实一样,都容易受到权力的影响。"垄断整个文明世界的权力"会抹去德国军队入侵比利时的事实,而不是人们对比利时军队入侵德国的认识。

呵呵,那么真相是安全的吗?当然不是,阿伦特写道:"这样的权力垄断绝非不可想象的,如果权力(利益)集团(power interests),无论是国家权力还是社会权力,在这些问题上拥有最后的决定权,事实真相的命运会怎样就不难想象了。"[1]

---

[1] Hannah Arendt, "Truth and Politics," *The New Yorker*, February 25, 1967, pp. 49-88, at p. 52.

一、我们不完善的知识

以下是我本次冗长演讲的文稿。2017年4月3日，《时代》杂志的封面报道是："真相已死？"（Is Truth Dead?）（当然，在这里再次提及唐纳德·特朗普并不算偏题，他与真相的随意关系令人不安，也无从否认。）如果真相已死，至少从阿伦特的著名文章开始，真相就已死去。但我想强调的是，对《时代》杂志的问题，正确的答案是"没有"，或者，按照阿伦特的说法，我们的回答就应该是"没有"，只要不让"权力（利益）集团"拥有最后的话语权。我们生活在一个真实的世界，在这个世界中，男男女女共同生活，一起行动，产生了权贵们必须面对的事实和事件。2017年4月22日，在华盛顿举行的"科学游行"中，游行者的标语和T恤上写着"难以置信我在为事实游行"，我也感同身受。真是难以置信，我想说的是我们没有生活在一个后真相时代，永远不会。

对阿伦特来说，事实的担保是她所说的"政治领域之外的视点"，或者她所说的"各种独自存在（being alone）的模式"。[①] 孤独的人有独立成为真理讲述者的能力，她列出了以下几类言说真理的方式："哲学家的孤独（the solitude），科学家和艺术家的孑然（the isolation），历史学家和法官的中立（the impartiality），事实调查者、证人和记

---

① Hannah Arendt, "Truth and Politics," *The New Yorker*, February 25, 1967, pp. 49-88, at pp. 88, 84.

者的独立(the independence)。"①

　　这当然是有说服力的,但它也是一个对完全不在现实中的独立思想者的速写。我这里要说的则是一些具体的、独立的真理言说者。其中一个比大多数人更顽强、更固执,就是《华盛顿邮报》的大卫·法伦索尔德(David Fahrenthold),他以一篇国内新闻报道获得2016年的普利策奖,因为他穷根究底寻找一切可能的证据,以查明唐纳德·特朗普或其基金会,是否为所谓的慈善事业作出了巨大贡献(法伦索尔德不支持特朗普的主张,并有大量证据反驳特朗普)。法伦索尔德是一个思想独立的人,却不是一个单枪匹马的新闻从业人员或自由职业者。还有其他贡献卓著的记者,他们只得到了很少或根本没有得到机构的支持,就像20世纪50年代的I.F.斯通,或者西摩·赫什,后者在1969年揭露了美国在越南美莱村的大屠杀,当时他是一个没有任何机构支持的自由记者。但是,大多数记者、历史学家、哲学家和科学家的工作都离不开薪水、图书馆、新闻编辑室、实验室、专业协会、同行评议和研究生助理以及各种各样的支持系统。一般来说,只有在这些支持系统的帮助下,他们才能独立于政治世界之外。

　　必须保持什么样的条件才能让人们坚守独立于政治的立场?而什么样的现实条件是人们必须承认的,又是权力无法干预的呢?

---

① Arendt, "Truth and Politics," *The New Yorker*, February 25, 1967, pp. 49-88, at p. 84.

第五章 比利时"入侵"德国:再论伪新闻——不完善、专业化与民主

想想科学探索中的求真是如何实现的。科学的高峰和新闻业一样,不像珠穆朗玛峰。它不是自然世界本身,而是人类对自然世界的一种建构。它更像拉什莫尔总统山——天然材料,但它是由人们共同凿刻而成的。科学的结论是绝对正确的吗?当然不是。毕竟,它们会经常变化,因科学和科学家而改变。它们可能会因为一些新信息的出现使旧的信息无效而改变;也可能因为引导科学家研究数据和提出问题的框架假设或"范式"的改变而改变。这种改变是怎样发生的呢?一种范式是如何取代另一种范式的呢?原子物理学家马克斯·普朗克(Max Planck)给出了一个简单而残酷的答案——它们之所以改变,是因为致力于旧范式的老一代人消亡了,新一代人开始崛起,并掌握了权力:"一个新的科学真理取得胜利,并不是通过说服反对者并让他们看到依据,而是因为它的反对者最终离世,熟悉新的科学真理的新生代成长起来了。"① 科学进步,就像普朗克所言,是"跨过葬礼而前进"。

真理是一系列协议,这是社会共识。但这并不意味着共识不受现实条件的约束。我们认为,"真理"的显著特征是,它们与我们所了解或我们认为自己所了解的外部世界是相对应的。有些现实在共识走向疯狂的途中起到了刹车的作用。你可能相信,也可能不相信,你的生命只是轮回中的一瞬间。但你不会反对我的主张,在这个

---

① Max Planck, quoted in Thomas S. Kuhn, *The Structure of Scientific Revolutions* (Chicago, IL: University of Chicago Press, 1970 [1962]), p. 150.

瞬间，你是从一个女人的子宫里诞生的，这毋庸置疑。你不知道自己何时死去，也不知道自己如何死去，但在这个瞬间，你和我一样，百分之百相信，我们必将死去——毫无例外。现实并不一定能限制我们的想象或愿望，但它能限制我们对现实的理论化。我们不能假定任何使我们高兴的主张都是正确的。

2017 年 1 月，在旧金山妇女游行队伍中，一个孩子举着一个辛酸而滑稽的标语（在 2017 年 4 月的科学游行中，这个标语又出现了许多次），上面写着："我们想要什么？实证科学。我们什么时候要？经过同行评议之后。"的确，科学就是这样运作的，这就是科学的本质：一个由科学家组成的共同体共同决定什么是基于证据的实证科学。阿伦特认为的科学是独立存在的各种模式之一，未必比承认科学是一种独特的共同存在的模式更正确。当科学家们编造他们的数据时，这个共同体就动摇了，我们知道科学造假时有发生。我们也知道不实新闻总会露头。《纽约时报》[记者杰森·布莱尔（Jayson Blair）于 2003 年因抄袭和捏造新闻被迫辞职]和《新共和》[斯蒂芬·格拉斯（Stephen Glass）于 1998 年被解雇，因其在该杂志上发表的大部分作品的全部或部分内容是虚构的]都曾发生过这种事。这些假新闻不是偏误，而是十足的虚构。科学也很容易被完全捏造出来。

在日常生活中，无论是过去还是现在，人们都很容易相信夸张的言论和谎言，甚至胡编乱造的虚构。这就是为什么总有欺骗者在我们身边的原因——这些欺骗者会是诈骗艺术家、口出狂言的人、敲老人竹杠的行骗者、发明金融产品欺骗自己客户的富国银行(Wells Fargo bank)的高管们,还可能是将客户的房子卖掉使客户倾家荡产的抵押贷款经纪人。虽然有现实的限制,但人们还是愿意相信他们喜欢的,相信符合先入为主观念的,相信奉承他们所认同的共同体的,相信取悦他们的国家的,相信帮助解释和减轻他们恐惧的,或者在理性和经验告诉他们无望的情况下给予他们希望的东西。

真理总会面对强敌。它会受到我们称之为"4P"因素的冲击:(1)宣传(propaganda)——国家为了获得或扩大权力而提倡的主张;(2)利润(profit)——个人或组织为了赚钱而售卖的产品、服务或虚假承诺;(3)偏见(prejudices)——许多人习惯性地把偏见放在寻求真理之前;(4)恶作剧(pranks)——为了一个病态的笑话而误导他人的主张或做法。

让我补充一句,作为冲击真理的因素之一,我们不应该低估恶作剧的影响,尤其是在伪新闻时代。2001年,我在加利福尼亚大学做代理教务长。圣地亚哥瑟古德·马歇尔学院(Thurgood Marshall College),是加利福尼亚大学中少量有研究生的单位之一。那时我收到过一个包裹,是给瑟古德·马歇尔学院教务长的。大学办公室的工作人员和我打开了那个包裹,立即发现里面除了一个装满白色粉末的小塑料袋之外什么都没有。"9·11事件"发生后的几周内,类似的白色粉末包裹被送往多家新闻机构,导致大约20人患病,其中少数人死亡,因为粉末是致命的炭疽。我们把包裹交给了校园警察,警察把它交给了危险品部门的工作人员,他们又把它交给了联邦调查局(FBI),联邦调查局没有检查就立即把它扔了。没有必要检查,因为他们几乎可以肯定那是滑石粉,而不是炭疽。当时有数百个类似的包裹被邮寄到全国各地——这的确是一个病态的恶作剧。在某种程度上,这还可能是一个病态的种族恶作剧,瑟古德·马歇尔学院是以最高法院第一位非裔美国大法官命名的,作为加利福尼亚大学唯一的研究性单位自然就成了病态恶作剧的攻击目标。

　　人们之所以会成为谎言的牺牲品,是因为他们知道的不多,因为他们的知识有限,因为他们没有想到,尽管某些事实荒谬到不可能,教皇方济各会支持唐纳德·特朗普竞选总统(或任何其他候选人,及与此类似的事件),或者说,民主党高层官员和希拉里·克林顿的助手,是一些肮脏勾当和黑暗阴谋中的关键人物,而这些可怖仪式会在彗星比萨饼连锁店(the Comet Pizza chain of pizza parlors)举行。人们脱离现实的程度不会太大,但他们可能会因为不想表现得像个傻瓜而去相信荒谬的主张。还记得安徒生1837年出版的《皇帝的新衣》吗?我们大多数人都很难独善其身,即使对异议者的惩罚微不足道,即使我们自己的眼睛告诉我们国王赤身裸体行走在大街上。

　　我们怎么知道什么是真相呢?我们并不比180年前的安徒生更处于后真相时代,但我们了解和确认真相的条件已经在某些方式上变得更复杂,且这些方式还尚未被我们在社会上和政治上吸收使用。因此,了解真相变得更加艰难。宣传、利润、偏见和恶作剧传播得更快,并且通过新的伪装方式让自己披上真实的外衣。同时,密切关注真相也变得更难,但是同样的机制也使寻找真相的难度比以往任何时候都要小——因为在线通信的速度、强度和全球覆盖范围的广度。

哲学家迈克尔·帕特里克·林奇（Michael Patrick Lynch）强调，我们今天有了一种全新的知识，他称之为"谷歌知识"（Google-knowing）①，它的简单定义即"在线获得的知识"。他认为"现在最有知识的就是谷歌知识"。他将这种知识与经验性知识进行了对比，即，通过"接受我们自身之外的事实"而获得的知识为经验性知识，而"谷歌知识"是"由客观世界本身锚定"的知识。②

林奇是对的，世界上出现了一些我们依赖的新东西，事实上，我们对"谷歌知识"或许依赖得太多。这种依赖在许多方面都具有创新性。尽管如此，即使有谷歌知识，我们的很多知识仍然是经验性的，即便是一个统一的权力结构也无法说服我们放弃这些经验性知识。如果我被折磨，我能被折磨者说服，相信这些折磨没有伤害吗？如果我突然感到胸部剧烈疼痛，我能不能说服自己不要拨打911？如果一个女人临产，有什么能让她相信她没有分娩呢？这些是身体经验的强大现实。还有身体经验的记忆，2017年，我要在拉里坦谷社区学院做一次演讲。经人指点，我可以从纽约乘新泽西直达列车（New Jersey Transit, NJT）到那里。但我怎么知道如何在纽约乘坐新泽西直达列车呢？答案是，我以前坐过。事实证明，你可

---

① Michael Patrick Lynch, *The Internet of Us* (New York: Liveright, 2016), p. 23.
② Michael Patrick Lynch, *The Internet of Us* (New York: Liveright, 2016), p. 131.

以在和我一年前最后一次乘坐新泽西直达列车时完全相同的地方买到新泽西直达的火车票。经验性知识或多或少准确地存储在我们的记忆中。

还有一种人们通常依赖的中介性经验知识。我可能会被书籍、谷歌或新媒体上的新闻误导,但我相信,我今天读到的《纽约时报》提供的新闻是由这样一些人制作的,他们与我读了几十年的《纽约时报》有着大致相同的新闻标准。它并不完美,但它愿意承认错误并改正错误。它曾考虑过公众的批评,有时也会接受批评,尤其是在"编读往来"(public editor)专栏中,遗憾的是,该专栏于2017年被取消了。但以我的经验来看,《纽约时报》大体上是可靠的。我们从过去的经验中认识一些朋友和熟人,他们在讲述故事、提供指导或回忆谁在何时说了什么等方面非常可靠——而我们认识的其他一些人则相当不可靠,即使我们爱他们。以此类推,我们对新闻媒体的判断也可能基于此类经验,只是可能这种判断更难做。

痛苦、经历、个人经验记忆,以及我们可以将之概括为"声誉"的中介性经验,都是暂时的验证性中介。它们中没有一个能完全确定真理性知识,但它们都是强有力的。而第五种力量,也是其他力量的基础,则是怀疑主义。我们应该知道,寻找真理的过程是复杂的,不是简单的;它是一种累加的社会活动,而不是闪现的灵感,即使它包含了闪现的灵感;它还需要注意"检测废话"(bullshit-detection)。知识不能被简化为事实。半个世纪前,历史学家理查德·霍夫施塔特(Richard Hofstadter)曾写过关于怀疑论者的文章,指出他们通常不仅不会忽视事实,反而特别痴迷于事实。与众不同的是,他们把自己搜集到的事实整理成一个压倒性的"证据",证明他们想要证实的阴谋。霍夫施塔特写道:"如果不自洽,那就什么都不是。其实,执拗的心态比现实世界更能逻辑自洽,因为它不给错误、失败或模棱两可留有余地。"这并不是说怀疑论者只注重推理而罔顾事实,而是说他们把这些事实作为"在叙述事件的某个关键时刻,让想象力奇妙飞跃"的脚手架。他们实现了"从不可否认到令人难以置信的巨大飞跃"。① 我们必须相信我们的经验,相信我们的身体,相信随着时间的推移而建立起来的声誉,怀疑那些太好、太有逻辑以至于不太真实的解释。

二、专业化的新闻业

据我们所知,世界上的第一份报纸是 1605 年在德国斯特拉斯堡(Strasbourg)出版的。1620 年,第一份英文报纸在阿姆斯特丹(Amsterdam)出版。英属北美殖民地的第一份报纸(除了 1690 年那份仅发行了一期的报纸之外)是在 1704 年出版的——当时在马萨诸塞州(Massachusetts)定居的清教徒们,在没有任何本地印刷新闻媒体的情况下熬过了新英格兰(New England)的寒冬。直到 18 世纪 50 年代,殖民地的报纸上才出现了本地新闻。当本杰明·富兰克林在 1729 年第一次出版《宾夕法尼亚公报》时,美国人阅读的大多数新闻都是与欧洲的政治和

---

① Richard Hofstadter, *The Paranoid Style in American Politics* (New York: Knopf, 1966), pp. 36-38.

经济事务有关的内容。从 18 世纪后半叶开始,英国和英属北美殖民地的报纸就开始批评政客,指责政客撒谎,或者报道更糟的政治丑闻。但这一点很容易被忽视,因为从那时到 20 世纪上半叶,大部分的报纸都是党派报纸。民主党报纸认为辉格党(后来是共和党)的总统、州长和市长都是骗子;而辉格党以及后来的共和党报纸认为,民主党的总统、州长和市长在撒谎。

这一变化在其他研究中多有体现,但说来话长。① 这是一个新闻人成为一个自觉而自豪的职业群体并相对地——不是完全地,而是相对地——开始独立于报纸出版商的观点和价值观的故事。一旦出版商意识到可以通过经营报纸赚到很多钱,他们就开始不再关心新闻报道是否有利于某个政治派别,而是更关心新闻报道是否能吸引读者。如果新闻能吸引读者,报纸发行量能吸引广告商,那么出版商就能发财。报纸的这种商业化为记者提供了相对的自由,使记者得以写作有独立思想的新闻。

---

① 我对此主题的研究贡献主要在 *Discovering the News: A Social History of American Newspapers* (New York: Basic Books, 1978)。其他相关著作包括 Richard Kaplan, *Politics and the American Press: The Rise of Objectivity, 1865—1920* (Cambridge, UK: Cambridge University Press, 2002), 此研究的贡献比我的更大,它更多地将 19 世纪晚期政治人物的变化整合进新闻专业化的历史过程中。我还借鉴了 Michael McGerr 的重要著作, *The Decline of Popular Politics: The American North, 1865—1928* (New York: Oxford University Press, 1986),这本书主要研究了 1865—1928 年北美"政治风格"的变化——选举政治的信念和实践的变化——我的研究的关注点则更多在于大众对政治态度的变化,这种变化是促进新闻专业化的一种举足轻重的力量,参见我的专著 *The Good Citizen: A History of American Civic Life*(New York: Free Press, 1998)。

立场独立的新闻可能会招致左右两派的批评。如何避免它呢？答案是不偏不倚地写作。据说林登·约翰逊（Lyndon Johnson）讲过一个故事，在大萧条时期，有个人申请了得克萨斯州乡村一所公立学校的科学教师职位。学校董事会面试了他。在面试中他表现得不错，然后一位董事会成员问道："琼斯先生，你认为地球是平的还是圆的？"琼斯先生看了看董事会成员们，从他们的脸上看不出一点提示，就回答说："无论它是哪样的，我都可以教得很好。"在很长一段时间里，记者们的行为和琼斯先生的类似。他说了这个，她说了那个，只要报道，不要评判。

尽管新闻业已有 300 年的历史，但新闻领域的事实核查运动直到 21 世纪初才被正式组织起来。这始于 2003 年的事实核查网站（Factcheck.org）。① 事实核查运动的兴起得益于新闻界出现的两个比较新的现象。第一是调查性报道（investigative reporting）、情境式报道和批评性报道（critical reporting）的兴起。对美国新闻业、瑞典公共广播以及德国、法国、荷兰新闻媒体的各种各样的研究表明，随着时间的推移，20 世纪六七十年代无异于一道清晰的时代分水岭——新闻界拥有了新的怀疑和批判的本能——这在第三章有详细讨论。美国新闻史上最具误导性的术语是"扒粪新闻"，因为它使我们相信，自泰迪·罗斯福时代以来，美国新闻业就有了进行无畏的调

---

① 对于事实核查组织的兴起及其如何运行的颇具启发性的研究，请参见 Lucas Graves, *Deciding What's True: The Rise of Political Fact-Checking in American Journalism* (New York: Columbia University Press, 2016)。

查工作的强大传统。事实上,被泰迪·罗斯福批评为"扒粪者"的人是为少数新兴中产阶级的杂志和时尚服务的,揭丑报道持续了不到10年,且从来没有扩散到超大发行量的日报中——那些日报有海量的报道,能触及最大规模的读者群体。

让事实核查运动成为可能的第二个因素是"谷歌知识"的出现。诚然,事实核查人员并不完全依赖谷歌知识,还会采访专家、会检查文档文献(尽管他们经常是通过谷歌链接找到这些文献的)。然后,他们会试着判断政客们的断言是事实陈述还是虚妄之辞。我们知道,废话、闲谈和谎言在网上会传播得很快。我们都知道一些人,他们能毫不脸红地说,他们关于这个或那个知识的来源是"互联网"。当然,这不是答案。"脸书"不是答案,"报纸"不是答案,但"维基百科"是个答案,"《纽约时报》"是个答案,"福克斯新闻台"是个答案。它们是新闻机构,非常不同的机构,有足够的历史线索给我们足够的背景,让我们大致了解它们报道的内容,以及在多大程度上可以相信这些报道。

在美国(目前也在许多其他国家)出现的事实核查组织的运作方式是有一些戏谑感的。一方面,这整个项目是非常严肃的,根植于一个人可以独立于政治并相信事实存在的理念,这种理念相信归根结底事实才是最重要的。另一方面,事实审核者在他们的实践中意识到某种讽刺感,因此他们也以一种嘲讽的方式展示他们的成果。《华盛顿邮报》的事实核查者不做对与错的二元判断,但会根据政客的言论偏离事实的程度,给出一到四个"匹诺曹"奖。或者他们会对政治性事实进行真实度的测量,将其分为从"真实"到"狼来了"(Pants on Fire,彻头彻尾的谎言)五个等级。其标志性符号是真理测量仪(Truth-O-Meter),一台用来判别断言真实性的机器,其主要特征就是根本不存在。事实核查组织中的记者几乎很难达成内部共识,因为他们总希望别人如他们所知的那般诚实、实事求是并且权威,即使他们自己也很清楚,这种权威性非常模糊,几乎没有边界。

据我所知,我的哥伦比亚大学新闻学院的同事在教学时,至少会强调记者应该遵循三条规则。第一,准确。这里没有相对主义的空间。名字不是史密斯就是琼斯。地址不是缅因街 10 号就是缅因街 20 号,取平均值写为缅因街 15 号是不行的。

第二,逆着自己的假设去报道。不要否认你的观点、价值观和先入之见。但要知道它们是什么,在你的报道中尽量克服它们,并将这种省思内化于你的写作中。

第三,跟着故事走。即使你发现了一些与你自己、你的出版商、你的编辑或编辑部里先入之见相矛盾的东西,无论如何,你都要跟着故事走。《纽约时报》一直支持前州长艾略特·斯皮策(Eliot Spitzer)竞选公职,但在 2006年还是报道了此州长与妓女的暧昧关系,并迫使其辞职。这是一篇令潜在总统候选人难堪的报道,并且这位候选人还颇受《纽约时报》编辑们的赏识,但没有人让记者放弃报道。无论事件进展如何,记者都被告知要不断跟进。2016 年,《纽约时报》报道了希拉里·克林顿在担任国务卿期间,使用私人电子邮箱进行国务通信的故事。《纽约时报》在社论版支持希拉里,但有关她使用私人电子邮箱处理公务的新闻报道,对她当选产生的负面影响可能比总统大选中的任何新闻报道所带来的影响都要大。

这就是在专业的新闻机构中成为一名专业记者的意义:它要求掌握专业技能和专业理想,将寻求真相和报道真相置于利益之上,置于党派之上,置于与政客及其他有权势团体和个人的亲密关系之上。显然,这些并不一定总能实现。尤其令人痛心的是,在互联网这个蛮荒之地,寻求真相和讲出真相的做法已经遭到唾弃并受到蔑视。

三、民主作为一种怀疑的认识论

只要有足够的资源和足够的压力,比利时就能入侵德国。

当世界上最强大的说服力量——美国总统的观点——由于事实对其无益而对事实漠不关心,甚至对事实怀有强烈敌意时,人们接受比利时入侵德国这种言论的可能性就大大提高了。谷歌是强大的,脸书是强大的,但它们的权力都没有达到可以匹敌美国总统的程度——自罗斯福的炉边谈话起,美国总统就主宰着公共议程。

当特朗普总统首先做到的不是恪尽义务地去进行核实,而是自己散布谎言,并指责主流媒体发布假新闻,是人民的敌人时,他就已经把"假新闻"变成低幼任性的"童言童语"(schoolyard taunt)。

民主不是最好的政治制度,因为它信任大众,却不信任任何个人。C.S.刘易斯(C. S. Lewis)在"二战"期间写

道自己是一个民主主义者,因为,如他所说:

> 我相信人类会堕落。我认为大多数人是出于相反的原因而成为民主主义者的。大量的民主热情来自人们的想象……他们相信民主,因为他们认为人类是如此明智和善良,每个人都应该享有一份统治的权利。以这些理由捍卫民主的危险在于它们不是真的……民主的真正原因是……人类已经堕落到不能让任何人拥有对其他人的不受限制的权力。

E. M.福斯特(E. M. Forster)用同样的方式说过同样的话——他会为民主欢呼两次:"一次是因为它承认多样性,另一次是因为它允许批评。欢呼两次就足够了,没必要再欢呼第三次。"①我们还可以补充说,以其应有方式运作的民主不仅允许批评,而且鼓励批评、滋养批评、需要批评。

美国的开国元勋们有非常类似的观点。他们不相信人类是明智和善良的。他们甚至不认为他们正在建立一种"民主",这对他们来说意味着一种可能会被煽动家利用的暴民统治。他们当时正在建立的是共和政府,在这个政府中,拥有财产的白人男子将投票选举出他们社区公认的社会领袖。他们在政府中任职,而政府的一个分

---

① 刘易斯和福斯特的引语出自 John Keane, *The Life and Death of Democracy* (New York: Simon & Schuster, 2009), pp. 865, 867,这是一部我非常要感谢的作品。

支可以防止另一个分支自行其是,即使是在短暂任期内。是的,人们应该参与进来,随着时间的推移,这个政府制度会逐渐将没有财产的男性纳入其中,然后是非白人男性,然后是女性。美国是民主的,但不是天生民主的。美国人从开国元勋那里继承了对不受限的权力的恐惧,对深思熟虑的尊重,以及修正、废除和不断批评制度化的机制,而这正是新闻媒体的作用所在。

这其中也有沉痛的教训——现实是由社会建构的,事实是很难把握的,因为我们总是基于自己的范式、视角,先验的知识和已有的无知,还有预先的解释和假设来看待事实,这些是不可避免的。而且——这是一个重要的"而且"——与此同时,我们仍然可以确定事实的存在。而一些事实,能够并且会从根本上被推翻,但是,除非真相因为强权掩盖而无法呈现,事实的推翻只能通过合法的举证、合理的推理,举证者和推理者则是我们愿意信任的医生、气象学家、空中交通管制员、工程师,还有其他各种各样依赖证据的人,我们习惯性地相信他们能把事实放在愿望和梦想之上。很少有人会怀疑我们的生活依赖于此。他们堪当重任——这就是我们现在没有生活在,而且很可能将来也不会生活在一个"后真相"时代的原因。

是的,真理是由社会共识达成的。是的,当我们从不同的角度去看待事实时,我们对事实的把握往往会动摇。但结论不是我们生活中没有可靠的真理,结论不是我们的感官背叛了我们。我们知道它们通常会带我们安全地穿过马路。

2017年5月,美国艺术与科学院召开了一场研讨会,主题是"在不信任专家的时代传播科学"。然而,在圆桌会议的讨论中,一个又一个参会成员否认了这个前提。会议召集者本人也指出,民调数据显示,美国人对科学和科学家的尊重进入了一个新的高度。美国大学协会的主席也承认,她"不确定我们真的进入了一个怀疑的新时代"。美国科学促进会前首席执行官对此表示同意,并表示他怀疑"我们正处于一个特殊的怀疑时代"。讨论小组中的科学记者肯定地说:"我们并不是生活在一个不信任专家的时代。"在大家都讲过开场白后,会议召集人为会议的主题道歉,不好意思地说:"我们只是想要一个能吸引眼球的主题。"①

事实可能是脆弱的,它们的构成不仅取决于人类行为的常规部分,也离不开那些不完美中的英勇努力。但这并不意味着不存在事实、科学或专业知识。我无法相信我行进到这里是为了寻找事实,但我别无选择。

---

① "Communicating Science in an Age of Disbelief in Experts," *Bulletin of the American Academy of Arts & Sciences* (Summer 2017): 26-34.

第六章 新闻化社会的新闻业：重新审视雷蒙德·威廉姆斯的「戏剧化社会」

本章内容在这里首次发表，以此致敬一位我从未谋面的学者——雷蒙德·威廉姆斯（Raymond Williams, 1921—1988），他的理论影响了我；也以此致敬加州大学圣地亚哥分校传播系，1981—2009 年我执教于此。一份特别的感谢还要献给传播系的创始人之一，我亲爱的同事和朋友海妮伦·凯萨尔（Helene Keyssar），一位女权主义戏剧学者，她于 2001 年因癌症不幸去世。在海伦妮给予我和那个优秀传播系的礼物中，有一件就是威廉姆斯"戏剧化社会中的戏剧"理论。

1974 年，杰出的学者雷蒙德·威廉姆斯做了一场题为"戏剧化社会中的戏剧"的演讲，这也是他担任剑桥大学戏剧学教授的入职演说。① 威廉姆斯在演讲中以旁敲侧击的方式传递了他的主要观点，其中更多的是对当时戏剧的社会角色提出问题，而非给出特定的答案。他观点鲜明地指出，社会的特征比以往任何时候都更加"戏

---

① The lecture is reprinted in Jim McGuigan, ed., *Raymond Williams on Culture & Society* (London: Sage, 2014), pp. 161-172.

剧化",也许正如他所说,社会就是由这一"戏剧化"的特征所定义和命名的。他的主张支持了一个普遍的观点:戏剧和社会之间具有必然的联系,而且这种联系在历史上从未像当时那样紧密。

40多年后,我的文章出现在这本文集中,正是由于威廉姆斯在1974年关于戏剧的那些主要论述,几乎可以逐字逐句地应用于2018年的新闻业——就好像它们是预言一样。这件事本身确实值得三思。它含蓄地表明,今天新闻业转变的核心特征与其说有着显著的技术偏向,不如说与20世纪60年代的文化连续性更相关。当我们从新闻而不是从戏剧的角度,看待威廉姆斯的精彩演讲中的五个命题时,我觉得,它们更具吸引力,并令人深思。

第一,戏剧形式迅速增加。

> 戏剧不再……与剧场同在;现在大多数戏剧表演都在电影和电视演播室中进行。在剧场中——国家剧场或街头剧场——剧情设计和表达方法都特别丰富多彩。新文本、新符号、新媒体和新传统积极地与我们已知的文本和传统并驾齐驱,但正是从这些其他形式的存在中,我发现了问题。①

"正是从这些其他形式的存在中"——我将重提这个

---

① Jim McGuigan, ed., *Raymond Williams on Culture & Society* (London: Sage, 2014), p. 161.

简单而有力短语的重要意义。现在,请注意威廉姆斯强调的:1974年的戏剧以多种形式存在,而不再局限于几个世纪以来在镜框式舞台上现场表演的形式。

第二,戏剧已融入日常生活。

> 在我们这个世纪,在电影、广播和电视领域……戏剧的观众发生了质的变化……有史以来第一次,大多数人能够不受场次和季节的限制,定期、持续地接触戏剧。但真正的新变化——新到我们很难看出其意义——是戏剧不仅在特定场合面向观众,而且以全新的方式跟上了观众日常生活的节奏。①

第三,戏剧演员和观众之间的界限已然消解。

> 在某种程度上,引起观众与表演者戏剧化比较的行为正在上演,而这在某种意义上导致我们总是难以确定自己是观众还是演员。但是,戏剧模式的特定词汇——戏剧一词本身,还有悲剧、剧本、情境、演员、表演、角色、形象——却不断地、照常被挪用于这些消解观众与演员界限的大量行为中。②

---

① Jim McGuigan, ed., *Raymond Williams on Culture & Society* (London: Sage, 2014), p. 162.
② Jim McGuigan, ed., *Raymond Williams on Culture & Society* (London: Sage, 2014), p. 164.

简而言之,威廉姆斯认为,大多数人已经在定期、持续地接触戏剧,在这其中的部分或诸多戏剧表演中,观众和表演者之间不再有明显的界限。

第四,社会变得越来越复杂,我们更有必要通过戏剧化的呈现(representation)来认识它(但是,社会的隐晦、复杂却使这些戏剧化呈现都不尽如人意)。

> 我们已经习惯说,我们生活在一个日益流动和复杂的社会——这种说法仍不过时。因此,在某些关键方面,我们生活的社会与过去大多数时候相比,更不可知(unknowable)、更不透明,而且这种特质也更具压迫感、穿透力,甚至更具决定性。①

用我自己的话来说,我认为威廉姆斯的意思是,随着社会变得更加流动和复杂,它变得更加不可知。与此同时,这种不可知在人们的日常生活中越来越普遍。人们比以往任何时候都需要来自更广泛社会的大众化表达,以帮助他们在社会中寻找自己的出路。

第五,尽管发生了这些变化,人们依然主要在当地、亲身、家庭和熟悉的层面上生活,这也是人们必须经历和理解的当下社会变革的情境。

---

① Jim McGuigan, ed., *Raymond Williams on Culture & Society* (London: Sage, 2014), p. 164.

然而,我们的生活还在这里,基本上还在这里。我们与认识的人一起坐在房间里观看着,我们的朋友、邻居也在类似的房间中观看着:不仅为了了解公共事件而观看,或为了消遣而观看,更是因为对图像、表达的需要,对在这样那样的情形下,对在这样那样的地方上,对这样那样的人的生活的了解的需要。①

这个很长的句子有两个要点。首先,不管怎样,人们的生活主要还是在当地的、面对面的层面上,尽管他们与更广阔的世界有着相当密切的联系,通过公共媒体、国家政治认同、国家军事服务、公共教育、世界宗教、跨国语言、全球性经济、吸引人的全国和全球的媒介事件以及其他力量而联系着。其次,日常生活和个人交流的亲密性是欠缺的,没有呈现日常的努力,没有普通人回应、评价这些呈现以及将他们自己对这些呈现的评价融入他们生活中的努力。

威廉姆斯的这五个命题,似乎与当今社会的新闻业同频共振。我认为它们可以帮助我们理解今天的新闻业,就像它们在昨天帮助我们理解戏剧那样。关于新闻业在新闻化的社会中的地位,我们会有何感悟,又将如何评述呢?

---

① Jim McGuigan, ed., *Raymond Williams on Culture & Society* (London: Sage, 2014), p. 165.

一、没有新闻化的社会

只有非常早期的社会没有被新闻化,将当代社会视为已经新闻化才说得通——当下"新闻业"看上去已经不受约束、矛盾丛生,并受到非新闻和反新闻主义异乎寻常的威胁。曾经有过一个未经新闻化的社会吗?是的,有过。这样的社会出现在有线服务和24小时提供新闻链接的新闻机构兴起之前;出现在日报、号外、广播新闻简报、24小时电视新闻、无线电广播新闻兴起之前;出现在数字化、即时和广泛的网络新闻兴起之前;出现在脸书、谷歌和推特兴起之前。

在1750年之前,世界上许多地方已经有报纸存在,但它们规模很小,极其罕见,而且出版周期不超过每周一次。当时没有有线服务(或无线服务),也没有一种专门的新闻职业,更没有成套的新闻价值、新闻意识或新闻组织,仅有的报纸中也没有形成一类独特的新闻腔调。直到19世纪中叶的某个时间节点,我们都生活在一个新闻化程度不高,不足以载入史册的世界。大约到1890年,在大多数工业化国家,新闻业的进步足以使我们将当时的社会视为正处在新闻化的阶段,尽管国家与国家间可能有50或75年的差距。社会开始通过新闻业关注新闻,新闻制作者开始意识到自己的职业角色,以及在行业组织中、在全职致力于新闻采集和新闻写作的人员中的地位。因此,我们可能会得出判断,社会在19世纪80年代和20世纪20年代之间的某个时间点被部分新闻化了,至少在北美和欧洲的许多地区,以及澳大利亚、日本和其他某些地方是这样的。之后,社会的新闻化一直在突飞猛进,随着广播新闻、电影院放映的新闻纪录片、电视新闻的出现;随着有线电视带来的大量电视新闻的涌现;随着数字化时代新闻速度的不断加快,我们不仅可以通过报纸、杂志、广播和电视获取新闻,还可以通过办公室的台式电脑、家里的个人电脑、随身携带的笔记本电脑以及智能手机获取新闻,对数亿人来说,智能手机似乎已成为人体名副其实的一部分。

威廉姆斯坚持认为,1974年的戏剧并没有被取代,但它也绝没有"与剧场共存"。今天,新闻业也从未被取代,但它也不再与超大版面以及二三十分钟的电视新闻节目共存。在我看来,诚实的记者必然会得出和威廉姆斯类似的结论——显然,长期以来作为新闻领域核心的文本、惯例和实践突然出了问题,因为有"其他形式的存在"。今天,许多新闻领域都有"其他形式的存在"。没有人能忽视公民记者的作用,他们的手机摄像头提供了开罗街头抗议、伦敦爆炸、美国警察枪击事件的头条权威新闻。没有人能忽视在线新闻机构——它们常由少数人经营,甚至是在厨房餐桌旁或卧室里工作的某个人——报道的重要的新闻故事。2000年上线的乔希·马歇尔(Josh Marshall)的博客 TalkingPointsMemo,就是这类机构的首个典型代表。还有许多其他网站,Tehran Bureau[①] 报道伊

[①] Tehran Bureau 是一个在线新闻杂志,涵盖伊朗和伊朗侨民的政治、外交、文化和社会等内容。它由伊朗出生的记者 Kelly Golnoush Niknejad 于2008年2月创立,最初是一个博客。2009年5月,它以在线虚拟新闻网站的形式问世,逐渐拥有越来越多的了解伊朗和伊朗事务的定期撰稿人和记者。——维基百科

朗新闻,NK News① 报道来自伦敦的朝鲜新闻,还有徐秀敏(Soomin Seo)称之为"虚拟海外分社"(virtual foreign bureaus,VFBs)的其他在线网站。② 同样,还有许多其他机构报道当地或地区性的新闻,例如 2005 年成立的圣地亚哥之声(voiceofsandiego.org),以及 2007 年成立的 Minn 邮报(minnpost.com)和 2009 年成立的德克萨斯论坛报(texastribune.org),它们都还在运营。另外还有一些在特定主题报道方面变得越来越重要的网站,例如 Inside Climate News(2007 年上线),在 2013 年成为第一

---

① NK News 是一个基于美国订阅的网站,提供有关朝鲜的新闻和新闻分析。该公司成立于 2011 年,总部位于韩国首尔,在华盛顿和伦敦均设有记者站。报道依据朝鲜信源收集的信息;最近从朝鲜返回的西方游客提供的信息;朝鲜中央通讯社的报道;对脱北者的采访以及非政府组织和西方政府发表的报道。——维基百科
② Soomin Seo, "Virtual Foreign Bureaus and the New Ecology of International News," PhD dissertation, Columbia University, Program on Communication, 2016. 哥伦比亚大学徐秀敏的博士毕业论文研究的是英美媒体中关于国际新闻的数字化本土生产现象,尤其聚焦记者不在场时如何验证消息来源。这种生产现象集中表现在虚拟海外分社对朝鲜、伊朗、叙利亚等地的报道,这些国家由于政治原因很难到现场求证消息来源,记者通常在网络上搜寻可靠信息。作为新闻创业公司,虚拟海外分社是独立、专业、定位精准、小众(niche)的新闻机构,比传统的驻外机构更网络化,层级更少。虚拟海外分社产出的内容更多地优先访问开源 Web 数据库、众包材料和社交网络资源,而非传统的"人力"资源,事实上,前者的真实性更容易验证。尽管有这些差异,虚拟海外分社产出的内容和传统的外国函电内容的规范日益趋同,它们努力为自己创造一种混合的职业身份。但其商业经营模式是寻求将多种资金来源结合起来,以实现财务独立和可持续性。由于严重依赖基金会的资助和伙伴关系,这种关系很少构成可持续的商业模式。而且,由于大部分报道都是远程进行的,这种行为又会引向网络信息的霸权。——此译者注来源于徐秀敏的博士论文

个获得普利策奖的小型创业新闻机构;Marshall Project(2014年上线),因与ProPublica(2007年上线)合作开展的工作而于2016年获得普利策奖,ProPublica本身也是一个著名的、规模较大的非营利性新闻组织,两度获得普利策奖。毋庸置疑,过去十年最成功的众包现象——维基百科,已成为一种不可或缺的新闻来源,当某个名人过生日或去世、进行重大选举以及出现其他重大事件时,其条目总能同步更新。当你问人们经常访问哪些博客或网站来获取他们领域——抵押贷款业务、宪法、个人兴趣和其他重要社会领域的新闻时,没有人会无言以对。然而,记者最初即便不把博客当作敌人,也不过把它当作一个可笑的"钻营者"。

同样地,2005年,斯文尼克·霍耶(Svennik Hoyer)和霍斯特·波特克(Horst Pottker)共同编撰了关于"新闻范式"如何建立的文集,研究认为"新闻范式"首先是在美国诞生的,在20世纪传播到欧洲,被欧洲接受并成为职业记者应该如何报道新闻的引领范式。[1] 这种范式包括将采访作为一种新闻采集技术的核心来使用,在新闻报道中采用倒金字塔的呈现结构,以及将"客观性"作为记者的道德和文化立场的前提。[2] 欧洲新闻业对这种模式的接受是缓慢且不平衡的,"要经过几十年的逐步发展

---

[1] Svennik Hoyer and Horst Pottker, eds., *Diffusion of the News Paradigm 1850—2000* (Goteborg, Sweeden: NORDICOM, 2005).

[2] Svennik Hoyer and John Nonseid, "The Half-Hearted Modernisation of Norwegian Journalism 1908—1940," in Svennik Hoyer and Horst Pottker, *Diffusion of the News Paradigm 1850—2000*, pp. 123-138, at p. 124.

似乎是新闻行业接受范式的正常情况",霍耶和约翰·农赛德(John Nonseid)在他们关于挪威的章节中总结道。①这种发展虽缓慢、不平衡,但最终是强大的,即便相比于其他国家,一些欧洲国家限制了这种"美国新闻范式"的影响力。②

霍耶和农赛德还介绍了英格·林斯泰特(Inger Lindstedt)对瑞典的研究。在该研究中作者查阅了1917—1996年的瑞典新闻教科书,发现这些文本在二战前拒绝接受这种"新闻范式"。直到1953年,他们才将新闻的倒金字塔式结构称为"美国的"。到1981年,它也被称为"国际的",甚至被称为"传统的"。在不到30年的时间里,"美国的"已经成为"传统的",这种"(美国)新闻范式"已经呈现了"传统"所代表的必然性。③但是社会的新闻化、人类经验的新闻化并不是必然的。正如本书第三章所指出的,这是一场复杂的社会变迁,其在不同的国家以不同的步调和不同的形式发生。

---

① Svennik Hoyer and John Nonseid, "The Half-Hearted Modernisation of Norwegian Journalism 1908—1940," in Svennik Hoyer and Horst Pottker, *Diffusion of the News Paradigm 1850—2000*, pp. 123-138, at p. 134.
② 参见 Andrea Umbricht and Frank Esser, "Changing Political News? Long-Term Trends in American, British, French, Italian, German, and Swiss Print Media Reporting," in Raymond Kuhn and Rasmus Kleis Nielsen, eds., *Political Journalism in a Comparative Perspective* (London: I. B. Tauris, 2014), as well as other essays in the same useful volume.
③ Svennik Hoyer and John Nonseid, "The Half-Hearted Modernisation of Norwegian Journalism 1908—1940," in Svennik Hoyer and Horst Pottker, *Diffusion of the News Paradigm 1850—2000*, pp. 123-138, at p. 135.

19世纪后期的美国媒体、20世纪初期的英国媒体以及1945年之后的荷兰媒体才开始为读者提供经过编辑的、有计划的、有视觉引领的新闻排版形式,这些排版形式展示在整个报纸版面上,并在每篇报道中予以体现。在每则新闻中,记者们都在告诉读者,他们对判断信息的重要性表现着越来越大的控制力,正如马塞尔·布罗尔斯玛明确提出的,记者们日益接受这样的主张,即他们不应该再被期望"仅仅记录事件,而是应该从事件中提炼新闻"。①

关于当代新闻业在英国的出现,新近的观点认为,直到1920年左右英国才有读起来像现代新闻的东西。这是唐纳德·马西森对英国新闻话语研究的最有说服力的论点——正如他所说,新闻话语直到1880—1930年才在英国诞生。在他看来,1880年的报纸上并不是没有新闻这样的东西。当时有报纸,甚至还有记者。但报纸在1880年的模式是服务于"原始信息的集合",而到1930年它"在本质上才成为一种知识形式,不依赖于其他话语来发表关于世界的言论"。② 维多利亚时代的报纸在19世纪后期是"各种公共风格、声音和文本类型的混合体"。

---

① Marcel Broersma, "Visual Strategies: Dutch Newspaper Design Between Text and Image 1900—2000," in Marcel Broersma, ed., *Form and Style in Journalism. European Newspapers and the Representation of News*, 1880—2005 (Leuven: Peeters, 2007), pp. 177-198, at p. 187.

② Donald Matheson, "The Birth of News Discourse: Changes in News Language in British Newspapers, 1880—1930," *Media, Culture, and Society* 22 (2000): 557-573, at p. 559.

直到1920年左右，人们才意识到"一种新闻话语出现了，它允许新闻在普遍、标准的话语下，包含各种各样不同的声音"。①

许多对头版视觉化（荷兰布罗尔斯玛编撰的文集）和头版口语化（英国马西森的论文）的研究，都将当代新闻引领形式的出现定位于20世纪而不是更早之前。在我看来，这当然不能仅归因于艺术或文学形式潮流的改变。我们可以在过去几个世纪里看到小说形式和风格的巨大变化。想想19世纪50年代的查尔斯·狄更斯、20世纪20年代的F.斯科特·菲茨杰拉德和我们这个时代的托尼·莫里森（Toni Morrison），或者19世纪初期的简·奥斯汀、20世纪早期的弗吉尼亚·伍尔夫和今天的玛格丽特·阿特伍德（Margaret Atwood），几乎没有人怀疑，在想象中，这些小说家们可以坐在同一个电视脱口秀节目中讨论"小说"。他们因志同道合而心心相印。但对于1820年和1850年的记者，以及1920年、1950年和今天的记者来说，这似乎不太可能——基本上是不可能的。我们所知道的新闻业——尽管它经历了许多变化，在今天有时也正在因互联网而进行着激烈的变革——可被理解为，正在提供关于当代公共事件的某种知识，无论这种知识的性质被定义得如何模糊不清，相对于18或19世纪新闻写手（news-writers）对自己行业的认知，它都是一个更加严肃、更有抱负，也更具主体意识的行业。而18

---

① Donald Matheson, "The Birth of News Discourse: Changes in News Language in British Newspapers, 1880—1930," *Media, Culture, and Society* 22 (2000): 557-573, at p. 564.

或19世纪的新闻人不过是传递来自四面八方的信息,对其有效性(validity)几乎不必承担任何责任,他们还将其他人写的一堆杂七杂八的内容混合其中,作为填补版面空白的材料。

大约在1920—1950年,当代新闻业的声音占据了主导地位。美国人则更早地接触到当代新闻业,19世纪80—90年代,采访技术形塑了美国新闻业;1910年前后,综述性导语(the summary lead)和倒金字塔结构也为维护新闻话语的权威性提供了普遍优势。也就是说,直到19世纪的最后20年,19世纪美国新闻业都很像"维多利亚时代"的新闻业,正如马西森所说,它主导了大英帝国漫长的维多利亚时代(1837—1901)。

从二战到越南战争初期,是美国新闻业的上升期,丹尼尔·哈林运用"高度现代性"一词来命名此时期。在一次对战地记者彼得·阿内特(Peter Arnett)的采访中,哈林注意到,阿内特对客观报道的坚定不移的忠诚,以及"怀疑感或矛盾感的缺失"。[1]

这种自我确信从未完全消失。专业精神作为一套价值观总是备受推崇,即便在顶级的新闻机构中,当然也包括在新闻院校的课堂上,它依然被奉为圭臬,不会遭到抨击。[2] 从20世纪70年代开始,报道国家大事的新闻业变

---

[1] Daniel Hallin, *We Keep America On Top of the World* (New York: Routledge, 1994), p.170.
[2] 关于美国新闻教育在新闻职业规范中的关键作用请参见 Tim P. Vos, "Homo Journalisticus: Journalism education's role in articulating the objectivity norm," *Journalism: Theory, Practice, and Criticism* 13 (2012): 435-449。

得愈加具有批判性(more critical),尽管新闻业的自满情绪有起有落,但20世纪50年代美国新闻业的志得意满总是不可避免的(美国的案例绝不是独一无二的,正如对瑞典公共广播的一项引人注目的历史研究所表明的那样)。①

当下新闻业确实发生了根本性的变化,这一变化来自卫星、有线电视、在线新闻、融媒体新闻编辑室等新技术,以及"赢利模式"的剧变,而这种赢利模式,在过去一个世纪的多数时候,都为最具影响力的新闻机构提供了支持。但是,这些根本性变化并不表明新闻业的固有品质发生了转变。无论如何,如果新闻业是笃定的,那么正如瑞典教科书所揭示的,它的实践方式也是确定的,尽管它是被人们的鲜活记忆所建构的,并且其模式借鉴了美国和英国,但最终仍会被认为是"传统的"。

如果社会变得新闻化的过程发生在1890—1970年,那么今天仍然有一些新的东西正在变化,这些东西明显与互联网相关,但又不能和互联网混为一谈。我想讨论的是新闻如何触及受众并融入他们生活的变化,而不仅是关于记者如何制作受众欲罢不能的"内容"的变化。这种变化是文化和意义的变化,它存在于符号的相互补充与相互渗透之间(symbolic interstices),指导人们如何度

---

① Monika Djerf-Pierre and Lennart Weibull, "From Public Educator to Interpreting Ombudsman: Regimes of Political Journalism in Swedish Public Broadcasting," in Jesper Strömbëck, Mark Ørsten, and Toril Aalberg, eds., *Communicating Politics: Political Communication in the Nordic Countries* (Goteborg: Nordicom, 2008), pp. 195-214.

过他们的时间、如何想象自己或孩子的可能性、如何调整和重新调整他们的视野。我不知道有什么比重新审视威廉姆斯的五个命题更好的办法，能勾画过去几十年发生的事情，看看它们是否揭示了新闻业的变迁，并启迪了作为新闻世界常住民的我们。

二、适用于新闻化社会的威廉姆斯五命题

（一）新闻的各种形式

数字革命激发了各种（形式）新闻报道的迅速增加。广播带来了新闻简报；电影带来了新闻片，然后是纪录片；电视给了我们简明新闻，这些简明新闻在其生命周期的大部分时间里占据了电视新闻的主导地位。简明新闻与新闻杂志型节目（在美国最著名的是1968年创办的《60分钟》节目），以及之后的24小时有线新闻——一种由一个固执己见的主持人组织的个人化的新闻秀，这三类电视节目一起开创了多种多样的新闻形式。而数字技术以更加多样化的方式打开了世界，生成肆意混合的融媒体和流媒体。

博客可能是在线创新的源泉。早期有数字杂志——*Slate and Salon*——这类活跃的出版物确实是在线杂志，它们在屏幕上而不是在纸上再现各种观点、宣传和评论，它们和传统印刷时代杂志上的诸多关于公共事务、文化和艺术的内容一样。

博客是与众不同的。"博客"一词源起于"网络日志"

(weblog),正如后者所表明的含义,它指的是日志或日记。但它的写作者是以倒叙的方式进行写作,最近的条目出现在开头,而不是末尾。它被用作日常记录或期刊新闻。它可以是有关太阳底下的任何话题——或是一系列话题。它可以与少数人分享,也可以与任何有兴趣的人共享。它可以像个人日记一样被私下独自阅览,就像举不胜举的"妈咪博客"(mommy blogs);它也可以像法律博客"法律事务"(Lawfare)、美国最高法院的SCOTUS博客(Supreme Court of the United States,SCOTUS)和"沃洛克阴谋"(The Volokh Conspiracy)一样对各界开放。

我们的新媒体是数字化的,一定是的。我们也可以说,它们是扩音器。它们放大了个体的力量。但是,也存在诸如"妈咪论坛"和"妈咪博客"以及其他许多讨论组和公告板这一类的媒体,它们欢迎反复讨论各种各样的趣味话题。

(二)日常生活节奏中的新闻业

以报纸形式组织的新闻工作,很早就开始成为一些人日常生活的一部分。20世纪30年代,美国幽默作家威尔·罗杰斯(Will Rogers)写道,报纸对他的早餐至关重要。"拿走我的火腿;如果你想的话也可以拿走我的煎蛋,但是没有报纸,我是万万不能吃早餐的!"人们在一天中的特定时段消费新闻——在早餐桌上读报纸、在晚餐前后看晚间电视新闻(在美国)。1945年,纽约市发生了一次长时间的报纸投递员罢工①事件,伯纳德·贝雷尔森及其同事在此期间采访了纽约人,询问他们,在突然没有报纸可读的情况下,他们想念报纸的哪些内容(如果有的话)。这是有史以来对新闻进行的最巧妙的研究之一。其结果令研究人员感到惊讶:人们最想念的并不是报纸本身,尽管报纸具有汇集这个或那个知识性话题的功能。事实上,他们采访的每个人几乎都认为报纸在向公民传递严肃信息方面很有价值,但只有三分之一的人可以从六个连续报道中选出一个他们在罢工期间"错过"的报道(请注意,这可是 1945 年的夏天——二战的战火还在亚洲蔓延着)。人们最怀念的报纸功能之一是提供"日常生活指南",尤其是"刊登在报纸上的广播节目表",没有了这类内容,人们就无法跟着收听自己喜欢的广播节目。

也许在所有的调查结果中,最引人注目的发现是人们怀念"读什么都行的阅读行为本身"。他们发现阅读是"一种强烈而令人愉悦的自觉行为"。当没有报纸可以阅读时,他们的下一个选择就是"随手可得的任何东西"——比如散落在房间里的书籍或旧杂志。重要的是在一天中的特定时刻有一些东西可以阅读。读新闻已成为一种习惯,且人们对这种习惯产生了真正的依赖。所以,最重要的是习惯,而不是新闻。贝雷尔森发现这是人们生活中的一种"仪式化和近乎强迫性"的特征,尤其是当报纸作为辅助活动时。人们在做其他事时——吃饭或

---

① 投递员罢工从 1945 年 6 月 30 日(周六)半夜开始,持续 17 天。——译者注

通勤的路上——阅读报纸。①

新闻业也提供了有组织地打破习惯的可能。在某个时期(20世纪30—50年代),如果有非常重要的突发性新闻,一个特殊的时刻,出现了一个重要事情正在发生的信号,报纸可能就会发行"号外"。同样地,电视可以制作后来被称为"媒介事件"的内容,以现场直播的方式报道一些非日常新闻事件,无论是肯尼迪遇刺、肯尼迪葬礼,还是埃及总统安瓦尔·萨达特(Anwar Sadat)访问耶路撒冷,或是戴安娜和查尔斯的皇室婚礼。② 这些事件以新闻播音员低沉庄重的语气为标志,仿佛其新闻体系中没有任何商业的干扰,但其实商业性的中断(插播广告)在对此类事件的播报中早已是惯例。

新闻业已经做到了这一切,甚至更多。但再一次,新闻业的数字化转型以新颖而有力的方式将新闻融入生活。更神奇的是,尽管雷蒙德·威廉姆斯生前没有见过智能手机,但他为我们提供了这种转型的最佳术语:"移动个人化"(mobile privatization)。1972—1973年,他在斯坦福大学写了一本小册子《电视:技术和文化形式》,他创造了这个词来描述"新型社会的特殊性,新型社会是一个将广播和电视纳入其中的城郊(suburban)世界",正如罗杰·西尔弗斯通(Roger Silverstone)在该书2003年

---

① Bernard Berelson, "What Missing the Newspaper Means," in Paul F. Lazarsfeld and Frank N. Stanton, eds., *Communications Research 1948—1949* (New York: Harper & Brothers, 1949), pp. 111-129.

② Daniel Dayan and Elihu Katz, *Media Events: The Live Broadcasting of History* (Cambridge, MA: Harvard University Press, 1992).

版的序言中所观察到的那样。西尔弗斯通写道,这是一个"日益个性化和碎片化"的世界。① 很难找到一个术语能更充分地描述,或至少初步描述手机对人们身心的影响,当人们走在街上、坐在公交车或地铁上,甚至在开车时,他们都会全神贯注于他们手上的那个小东西。2009年,我在一家餐厅的午餐时间采访了《华尔街日报》的两名记者,发现他们都在盯着手机,而我在徒劳地同他们白费口舌——不仅如此,他们对自己的无礼竟然毫无察觉。几年后我也在做类似的事情了——对象竟然是我的妻子!我在道歉的同时意识到:如果这不是"移动个人化",那什么还会是呢?

然而,这导致了一个最复杂的问题。人们在远距离中保持联系,却在面对面的实际空间中彼此分隔。这些行为已经成为我们的一部分。人们的电话曾经是他们家的一部分,现在则几乎是他们身体的一部分。

(三)专业人士和观众之间区隔的消解

在这里,威廉姆斯关于戏剧的说法对新闻业也很有启发。正如媒体学者、艾奥瓦大学新闻项目主任大卫·莱夫(David Ryfe)所说,"新闻的边界正变得日益模糊。区分这一领域的内与外变得越来越困难"②。不过,在这一

---

① Raymond Williams, *Television: Technology and Cultural Form* (London: Fontana, 1974); Roger Silverstone, "Preface," in Williams, *Television: Technology and Cultural Form* (Milton Park, UK: Routledge Classics, 2003), pp. viii-ix.

② David M. Ryfe, *Can Journalism Survive? An Inside Look at American Newsrooms* (Cambridge, UK: Polity, 2012), p. 140.

点上,威廉姆斯关于戏剧的命题只说对了一半。从这 40 多年戏剧逐步发展的视角来看,几乎所有的实验戏剧和即兴喜剧,以及将戏剧带到街头、让演员进入观众席或带观众走上舞台等的举措中,演员和观众的区隔在诸多方面都表现了极大的韧性。各地都采用过一些诞生于 20 世纪 60 年代的非正式的实验形式,但这些形式仍严格区分了舞台上的专业人士和观众席座位上的观众。只在极少数情况下,对模糊演员和观众之间界限的尝试,才最终被证明是成功的。20 世纪 90 年代英国广播公司的连续剧《纸牌屋》的主角、政治家弗朗西斯·厄克特(Francis Urquhart)经常跳出角色直接向电视观众简短讲话,在 2013 年这部剧被奈飞(Netflix)改编为美国电影,演员凯文·史派西(Kevin Spacey)饰演的弗朗西斯·安德伍德(Francis Underwood)也有过同样的举动。莎士比亚也采用过这种舞台戏剧形式,更多是为了变相地提醒人们,舞台上的行为是一回事,人们的认知是另一回事,即戏剧是虚构的,而去剧场看戏是现实的——正是这种现实维持了这种情形,它加强而不是削弱了演员和观众之间的区隔。奈飞计划让《穿靴子的猫历险记》(*Adventures of Puss in Boots*,也有人译作《靴猫大冒险》)系列与孩子形成互动,于是,观众就有机会在故事分岔点设置的几个情节方向上选择其一。奈飞发言人卡拉·恩格尔布雷希特(Carla Engelbrecht)说,观众应该握住遥控器,而不是把它丢在沙发上:"我们需要你前倾一点才能参与选择。"[1]基于戏剧过

---

[1] John Koblin, "Netflix Lets Viewers Pick the Plot," *New York Times*, June 21, 2017, p. B1.

去的经验,我的预测是,奈飞的这项创新不会有出路。

新闻业的情况如何呢?尽管完全业余的人对新闻业作出了令人印象深刻的贡献,他们碰巧在正确的时间、正确的地点,在专业记者到达现场之前用手机或手机摄像头报道了新闻,但这种影响对新闻界来说,对记者(或业余记者或公民记者)作为目击者的角色来说,相对较小。

尽管我们不应该夸大现在与过去的差异,但现在确实比过去更多的公民目击者。新闻经常源于业余爱好者向记者提供的"线索"(tips),它们还总是免费的。更新式的做法是,业余爱好者可以将自己的"新闻线索"(news tips)直接发布在自己的博客、脸书或推特上。这些业余爱好者绕过了他们曾经依赖的作为"看门人"的记者。尽管如此,主流新闻机构——印刷媒体、数字媒体、电视和广播——传播的几乎所有新闻,仍然源自传统机构媒体的专业记者,还有那些才华横溢的全职自由职业者和一小群唯线上的"数字原住民组织"的记者。大多数重要的新闻都需要研究、收集背景资料、采访以及创造故事感。公民记者当然作出了贡献,但大多数情况下,当他们遇到本身不言自明的新闻——炸弹爆炸、森林火灾或房屋着火——实际上是这些事本身在大声地说:"报道我!录制我!"相比之下,专业记者可以透过平淡的日常看到新闻。而一个公民记者则需要邂逅那些"自带标题"的新闻事件才会进行报道。

(四)日益增长的问题:呈现(representing)一个复杂的全球一体化社会

威廉姆斯认为,我们比以往任何时候都更依赖呈现,包括戏剧性的呈现,因为社会变得非常难以呈现。也就是说,社会通过呈现社会自身来达成某些目标。我们大多数人大部分时间都过着浑浑噩噩的生活。能有效帮助我们弄清楚自己经历的呈现方式有总结、强调、叙述、戏剧化。

几年前,我观察到我的侄子,一个只有两三岁的小孩子,摔倒在客厅里,他的家人都在他身边。他看向父母,仿佛在揣度这样一个问题:这次跌倒有多严重?这对我来说足够惨到需要哭泣吗?他撇了撇嘴准备哭泣,但没有看到爸爸妈妈明显的慌乱,他认为上个问题的答案一定是"不",于是他没有哭。

但是,复杂性是何时像威廉姆斯所说的那样变得难以控制的?对于科学家、诗人或艺术家来说,世界变得异常复杂已经有几个世纪了。当你想到一些像怀孕和分娩一样亘古不变但又很重要的事情时,子宫中不断发育的胎儿与母亲的复杂协调简直令人惊讶——或者更确切地说,这个过程既非常复杂又令人惊讶。怀孕的过程在生物进化的开始就很复杂,到今天其复杂程度依然没有降低。但是人们的复杂感或复杂意识正在增长——是的,这似乎是我们无法逃避的命运,即使是面对怀孕这一自然过程也是如此。

沃尔特·李普曼于1922年指出,人们往往通过呈现而非直接经验来理解世界,这个过程是非常困难的,但又是必然的。在20世纪二三十年代,记者们越来越多地抱怨他们的工作变得越来越困难,这正是由于他们周围的世界变得日益复杂。我们可能会在将近一个世纪后回顾过去,不理解他们究竟在抱怨什么!生活在乡镇和村庄中的人与生活在城市的人一样多；他们很少离开他们长大的家乡超过 50 英里，他们会死于同样的疾病——主要是传染病，而不是机能衰退疾病——他们多年来一直死于这种疾病。美国在很大程度上仍然与世界其他地方隔绝——而且并不自知。尽管如此，20 世纪二三十年代的记者们也已开始认识到，事实不会自己开口说话，未经解释的事实是不完全的——在地方事务与华盛顿制定的政策之间的融合日益加深的世界中，华盛顿的政策本身也是对国际体系的响应，美国正越来越被卷入一个由国家和市场组成的国际体系中。①

综上所述，这个世界确实变得更加难以理解了。尽管世界其他地方并不如此，但至少在欧洲和北美，将"上帝的旨意"作为对难以理解的事件发展的解释，越来越不能令人满意。它可能会提供一些慰藉——但慰藉不是理解。而我们正面对着一些非常难以理解的事件和变化。大屠杀（以及一连串的种族灭绝）在道德上的不可理解性使人困惑——我们仍为生而为人感到自豪的原因究竟是什么？

（五）本地、具身和家庭情境是新闻呈现的根基

我们被各种新的数字赋能手段所包围着，我们参与其中并为之着迷——但我们使用它们，是为了达到完全熟悉彼此的目的。最受欢迎的网站和应用程序支持人们探索诸多领域：健康和疾病，约会、性和色情，它们在生

---

① 参见 Michael Schudson，*Discovering the News: A Social History of American Newspapers* (New York: Basic Books, 1978)，pp. 144-154。

育、怀孕、护理和母性方面提供建议与支持,也为长途旅行和交通运输,或者在离家几英里内的短途旅行[借助优步(Uber)或来福车(Lyft),二者皆为打车应用软件]提供建议与支持,人们还可以在其上讨论租房、买房、找工作,选汽车、电影或吸尘器,上学前班或上大学的相关话题。这些几乎覆盖了我们在没有数字媒体,没有亚马逊、奈飞、优步或爱彼迎(Airbnb,特色民宿网站)之前的日常经验。我们使用数字媒体进行买与卖,就像不久前我们在报纸上使用分类广告一样——只是效率更高了。

显然,在某些方面我们正在以全新的或不同的方式追求我们的旧目标。人们仍然会在学校教室、酒吧、偶然路过的地方、教堂的社交团体中相遇并建立浪漫关系。但我们也会在网上相遇,与线下见面相比,这种情况少得多,但有时也多得多。

新闻业一开始与本地没有太大关系。早期的报纸几乎只传播独家海外新闻。直到19世纪,报纸才开始与日常生活联系起来,刊登消费品广告以及更多关注当地政治和经济事务的新闻。随着时间的推移,报纸上还有社会、体育和时尚新闻,以及与犯罪、法律诉讼相关的报道。

这并不意味着,21世纪初期以来的新闻业正在经历完全相同的文化革命,正如雷蒙德·威廉姆斯在20世纪60年代的戏剧中看到的。威廉姆斯所写的内容中根本没有被用于描述连接和交流的"网络";在他1974年的入职演讲中,没有任何地方提到可被用于描述当今新闻世界特点的关键术语——特别是"搜索"[社会学家大卫·斯塔克

112

(David Stark)写道,"这是信息时代的口令"①]或"共享"[对此,尼古拉斯·约翰(Nicholas John)写了深思熟虑并颇具先见之明的《共享时代》(*The Age of Sharing*)]。②但是,我们可以从新闻与戏剧的相似之处中学到什么呢?

我们可以学习或重新学习,而不将技术从它存在的社会,或它嵌入的日常生活中剥离出来。就此而言,我们也不应该将技术与人们最初塑造技术的愿望隔离开来,正如弗雷德·特纳(Fred Turner)给出的(也可能是最好的)总结,硅谷出现的目的和愿望根植于20世纪60年代的反主流文化。③ 我们知道社会情境很重要。或许最重要的是,我们可以思考威廉姆斯提出的观点,即我们需要以大众能够理解的方式呈现这个世界,这种需求变得越来越迫切,而非可有可无。这个世界在过去的半个世纪变得越来越全球化,这一变化源于人们的贸易往来或旅行活动,源于战争、饥荒和自然灾害导致的流离失所,更源于人们对在其他地方过上更好生活的强烈愿望。

---

① David Stark, *The Sense of Dissonance* (Princeton, NJ: Princeton University Press, 2009), p. 1.
② Nicholas A. John, *The Age of Sharing* (Cambridge, UK: Polity, 2017).
③ Fred Turner, *From Counter-Culture to Cyberculture: Steward Brand, the Whole Earth Network, and the Rise of Digital Utopianism* (Chicago, IL: University of Chicago Press, 2006).

第七章 新闻危机：你还能吹出轻快的曲调吗？

本章是为 2014 年 5 月在（西班牙）巴塞罗纳举行的一次国际会议准备的论文，之后又经大幅修改，并于 2016 年收录于剑桥大学出版社出版的会议论文集《新闻危机再思考》(*The Crisis of Journalism Reconsidered*)中。这本论文集的主编是杰弗里·C. 亚历山大(Jeffrey C. Alexander)、伊丽莎白·巴特勒·布里斯(Elizabeth Butler Breese)和玛丽亚·卢恩戈(Maria Luengo)。

如果我们所说的"报纸"，是指有组织地收集信息，以连续、定期的形式出版，并面向普通读者的一类载体，那么世界上的第一份报纸就是 1605 年在德国斯特拉斯堡出版的。[①] 也就是说，报纸第一次出现的时间是在欧洲历史学家所说的"现代早期"(early modern)。就像其他可以追溯到 17、18 世纪早期的现代性元素一样——比如对照实验或者小说——报纸是一种文化形式，我们已经理所当然地认

[①] Johannes Weber, "Strassburg, 1605: The Origins of the Newspaper in Europe," *German History* 24, no. 3 (2006): 387-412.

为它是我们世界的一部分。时至今日,对照实验仍是开明社会的重要组成部分。而即便一连好几代人都宣告小说已死,小说也依然保持着蓬勃的生命力。①

那么报纸呢?近几年来持续存在一种说法,认为我们正处于纸上新闻传播的最后阶段。② 于2015年2月意外去世的《纽约时报》资深记者大卫·卡尔(David Carr),曾在2014年重申了这一观点。卡尔指出,在2014年8月的一周中,美国三大新闻公司——甘尼特(Gannett)、论坛公司(Tribune Company)和斯克利普斯公司(E. W. Scripps)——从它们的多媒体帝国中剥离了报纸资产。他写道,这一连串的资产剥离看起来就像"一部关于全球变暖的电影,冰山崩塌成巨大的冰块,变成汹涌的海水"③。卡尔的数据令人沮丧,但更需要人们注意的是他的比喻。他将它们掠夺报社资源,十年后再将报社资产剥离出去的行为,比作"烧掉所有家具来取暖,进而摧毁房子,然后邀请人们来看看他们是否愿意购买这断壁残垣"。但是,当大卫·卡尔指责这个市场的"自然法则"(the nature order)时,却并没有在公众中找到安慰或希望。他写道,许多人"并不关心或没有注意到他们当地的

---

① 参见 Frank Kermode, "Life and Death of the Novel," *New York Review of Books*, October 28, 1965; "The special fate of the novel, considered as a genre, is to be always dying"。
② 对此有很好的讨论的是 Rachel Smolkin, "Cities Without Newspapers," *American Journalism Review* 31, no. 3 (June/July 2009): 16-25。
③ David Carr, "Papers are Down, And Now Out," *New York Times*, August 11, 2014, p. B1。

报纸已经减少了员工数、发行的天数、投递量和新闻报道量"。他们会注意到或会关心吗,"当这些报纸完全消失时?我对此并不乐观。"①

也正是这个人,在2009年新闻会议的讲台上发表演讲时,回到自己的座位前,拿起他的笔记本电脑,把它举过头顶,又站回讲台宣布:"此时此刻,我手中的报道资源比我工作过的任何新闻编辑部都要多。"②这是一个简单而戏剧性的举动,而且他说的话是完全正确的。对于记者和编辑来说他也是正确的。对于那些拥有笔记本电脑(现在又拥有智能手机),可以浏览世界上成百上千家新闻机构网站的新闻消费者来说,他更是正确的。这是一个充满讽刺意味的、崭新的信息世界。我们是怎么走到这一步的——而且走得如此之快?我们应该作何感想呢?我们应该像2014年的卡尔一样绝望,还是像2009年的卡尔一样困惑?还是说,我们注定要等到最后一份报纸落在我们家或公寓门外的那一天,成为先惊讶后绝望,来回摇摆不定的"双相情感障碍"(bipolar disorder)患者?

在卡尔2014年的专栏发表一周后,新闻领域最具洞察力的观察者之一克莱·舍基(Clay Shirky)在网上发表了一篇文章,名为《最后的呼唤:印刷报纸的终结》(*Last Call*: *the End of the printed Newspaper*)。舍基警告

---

① David Carr, "Papers are Down, And Now Out," *New York Times*, August 11, 2014, p. B4.
② 我自己也参加了这次会议,记住了卡尔说的这些话。也许内容不够确切,但是卡尔在给我的电子邮件中确认了这些内容就是他想要表达的主要观点。这次会议主题是"新闻(业)的未来:谁会为讯息付费?"——于耶鲁法学院举行,2009年11月13—14日。

说:"如果你是一名印刷出版物的记者,你的工作就有危险了。在这一时期,是时候做点什么了。"他认为现在再说印刷业的未来"仍不明朗"为时已晚。舍基指出:

> 115　　纸媒的未来会怎样?试着想象一个纸媒未来仍不明朗的世界:也许25岁的年轻人会开始需要昨日的报纸,那种一天一次,被以一种无法分享的方式传递的新闻。也许广告主们会认为线上的"点击购买"是为"无脑儿们"准备的。也许移动手机会成为一种时尚。毕竟,任何事情都可能发生。很难说,真的。①

在2000年的一项调查中,25—34岁的美国人群中有41%的人昨天读过报纸;2013年,这一比例为21%。在2000年的大学毕业生中,61%的人昨天读了报纸;而在2013年,这一比例为37%。② 这是一个下降的趋势,而且是断崖式的。

我对卡尔或舍基所说的话没有异议;但即便如此,他们的结论也是不完整的。我不反对他们的观点,但我确实想重新阐释他们的观点。我将试着通过厘清一些因素来重新修订他们的见解,正是这些因素导致了那些意义深远的改变——我认为这些改变是意义深远的——但有些

---

① Clay Shirky, "Last Call: The End of the Printed Newspaper." At https://medium.com/@cshirky/last-call-c682f6471c70.
② Pew Research Center, *State of the News Media* (2014). At http://www.pewresearch.org/topics/state-of-the-news-media/2014/.

东西并不尽然是自然力量造成的,也未必是报刊史上的重大突破,更不一定是公民知识的灾难。对我来说,结论并不乐观,但那样一种仍存在着希望的前景值得我们留意。

一、有关纸媒衰落的更大语境

也许在很短的时间内,纸质报纸就会大规模消失。尽管专业新闻工作的萎缩已扰乱了数以万计人的生活,但它对公民生活质量和政治知识的影响还远未结束。有几点认识对于任何一般性评估是必不可少的。

第一,被卡尔和舍基准确描述的情况在美国最为严重,尽管引发这些现象的数字化转型是全球性的。正如许多人指出的那样,造成这种情况的原因是,与欧洲和其他自由民主国家的印刷新闻业相比,美国印刷新闻业在整个20世纪的经济来源主要是广告。欧洲报纸更依赖订阅和零售,在页数和版面上也并没有那么浪费,因此,它们的萎缩到目前为止还不是灾难性的。① 欧洲新闻业的经济危机更多是渐进式的。

欧洲纸媒的稳定,基于公共广电体制的坚如磐石,许多欧洲国家也愿意通过直接的财政支持对报纸萎缩进行干预。尽管如此,在欧洲,对纸质报纸的需求也在不断下

---

① 参见 David A. L. Levy and Rasmus Kleis Nielsen, eds., *The Changing Business of Journalism and Its Implications for Democracy* (Oxford: Reuters Institute for the Study of Journalism, 2010); Raymond Kuhn and Rasmus Kleis Nielsen, eds., *Political Journalism in Transition: Western Europe in a Comparative Perspective* (London: I. B. Tauris, 2014)。

降,因为人口统计学上的一个无情的事实是,老年人阅读纸质报纸的次数远远多于 30 岁和 40 岁的人,而后者阅读纸质报纸的次数又远远多于 10 多岁和 20 多岁的人。随着笔记本电脑变得越来越便携和流行,以及智能手机变得更加通用、多功能和无处不在,欧洲报纸的颓势还会继续。然而,拜经济(对广告的依赖)和政治(对政府干预的抵制)的普遍影响所赐,美国报纸的萎缩速度则在加快。因而,在不同的政治和经济环境中,数字传播对新闻业的影响是不同的。

第二,印刷报纸机构早在 10 到 20 年前就消失了。你在哪里可以找到纯粹的印刷机构?如果我们要认真讨论这件事,那么墓碑早已刻好:印刷报纸,1605—2000 年。后一个日期意味着承认万维网作为电子商务媒介的重要性,它几乎终结了报纸上的分类广告:eBay 于 1995 年上线;1996 年底,招聘网站 monster.com 推出;Craigslist 于 1999 年成为一家营利性公司。自 1999 年以来,问题的关键就在报纸网站能否吸引足够的广告来补贴印刷版。我们没有理由相信这种做法会持续下去。然而,这并不意味着以报纸为基础的机构不能将其网站置于付费墙之后,从而使新闻机构整体实现赢利成为可能。以下报纸已经拥有超过 10 万的付费数字用户:《纽约时报》《纽约邮报》《纽约每日新闻报》《新闻日报》(*Newsday*)、《纽瓦克星报》(*Newwark Star-Ledger*)、《洛杉矶时报》和《丹佛邮报》。几十年来,它们都以高价零售纸质报纸的形式,为那些在早上喝咖啡或通勤时需要阅读纸质新闻的人提供服务。在近 30 甚至 40 年来,印刷市场再难兴盛，但新闻机构发现，如果成功控制分发成本，赢利也是可能的——通过将送报上门限制在城市和近郊；或通过不再提供投递上门服务；或每周只印几天而不是七天，或只在星期天印刷纸质版。全国有25家报纸通过在线或印刷的方式，平均每天覆盖大都市地区一半以上的成年人——从纽约罗切斯特到夏威夷檀香山、从弗吉尼亚州里士满到得克萨斯州埃尔帕索、从俄亥俄州哥伦布市到加利福尼亚州圣地亚哥。这使它们对公民健康（civic health）和广告业的利益具有独特的价值。总而言之，1992—2012年，美国日报的发行量，包括印刷量和在线付费量一直保持稳定——实际上，它甚至略有增加，只是这一事实鲜为人知。①

这一切都说明，"报纸"不再是独立、纯粹的印刷企业，所有"报纸"都成了印刷和在线业务的混合体。无论是个体记者还是企业组织，我们都不知道纸媒的专业技能在多大程度上为在线内容生产的技术进步提供了动力。许多受欢迎的网站，以及大多数受到广泛尊重的网站，都属于传统的印刷或广播电视新闻机构。这些组织正在发生变化，艰难求生，但几乎不会消失。

第三，"长篇"纸质新闻仍然有市场。想想由美国记者写的关于伊拉克和阿富汗战争的书籍数量吧。别忘了，美国人对外交事务的厌烦是出了名的——尽管人们对涉及美国人的战争又不厌其烦。我们现在有NBC记

---

① 本段所有数据都来源于皮尤研究中心（Pew Research Center），*State of the News Media*（2013），At http://www.pewresearch.org/topics/state-of-the-news-media/2013/。

者理查德·恩格尔（Richard Engel）的《战争纪事》（*War Journal*，2008），全国公共广播电台记者安妮·加雷尔斯（Anne Garrels）的《裸露的巴格达》（*Naked in Baghdad*，2003），战地记者琳达·罗宾逊（Linda Robinson）的《告诉我何时是尽头》（*Tell Me How This Ends*，2008）；《华尔街日报》驻巴格达记者芬娜·法丝希（Farnaz Fassihi）的《等待平凡的一天》（*Waiting for an Ordinary Day*，2008），《纽约时报》战地记者迈克尔·R.戈登（Michael R. Gordon）的《眼镜蛇II》（*Cobra II*，2006），已故《华盛顿邮报》记者安东尼·萨迪德（Anthony Shadid）的《黎明前的黑暗》（*Night Draws Near*，2006）和《石头之家》（*House of Stone*，2012），《华盛顿邮报》记者拉吉夫·钱德拉斯卡兰（Rajiv Chandrasekaran）的《翡翠城（西雅图）的帝国生活》（*Imperial Life in the Emerald City*，2006）和《微型美国》（*Little America：The War Within the War for Afghanistan*，2012），《华盛顿邮报》编辑鲍勃·伍德沃德的四本书，《攻击计划》（*Plan of Attack*，2004）、《拒绝状态》（*State of Denial*，2006）、《内战》（*The War Within*，2008）和《奥巴马的战争》（*Obama's Wars*，2010），《华盛顿邮报》记者大卫·芬克尔（David Finkel）的《好士兵》（*The Good Soldiers*，2009）和《感谢你为国效力》（*Thank You For Your Service*，2013），《新闻周刊》记者迈克尔·伊西科夫（Michael Isikoff）的《狂徒》（*Hubris*，2006），《华盛顿邮报》记者托马斯·里克斯（Thomas Ricks）的《惨败》（*Fiasco*，2006）和《豪赌》（*Gamble*，2009），《纽约客》记者乔治·帕克（George Packer）的《刺客门》（*The*

Assassins' Gate，2006）和《背叛》（*Betrayed*，2008），《华盛顿邮报》记者史蒂夫·科尔（Steve Coll）的《幽灵之战》（*Ghost Wars*，2005）和《本·拉登家族》（*The Bin Ladens*，2008），以及《华尔街日报》记者罗恩·萨斯金德（Ron Suskind）的《百分之一的教条》（*The One Percent Doctrine*，2006）等，这些书的出版商认为这些人在做什么？出版鲍勃·伍德沃德①的书是一回事，他的作品几乎可以保证畅销。但这里列出的其他十几个人，虽然在他们的记者同行中人尽皆知，但在普通读者中却并未家喻户晓。

谁在读这些东西呢？足够多的读者才能使之成为一个合理的冒险。对于出版商来说，向一名记者预付版税是一种微不足道的风险；它比不上维持一个拥有500或1000名专业人员的新闻编辑部，甚至比不上支持一个5人的巴格达分社。实际上，雇用了各种各样记者的苦苦挣扎的新闻机构，在某种程度上支持了不太稳定但仍然有利可图的出版业，因为出版商可以培训和聘用专业记者并让他们转型为权威的图书作者。更为重要的一点是，趣味短视频（cute cat videos）的快速传播并没有取代长篇新闻。像书籍一样长篇的新闻比以往任何时候都多。新闻编辑部的萎缩确实比严肃新闻业（serious journalism）的萎缩更大。但严肃新闻业真的正在萎缩吗？

第四，在美国，就像在欧洲和世界其他大部分地区一样，多数人是通过电视获取新闻的。在皮尤研究中心于

---

① 鲍勃·伍德沃德是报道"水门事件"的《华盛顿邮报》记者之一。——译者注

2013年7月进行的两年一度的媒体态度调查中,69%的人将电视列为他们的"主要"新闻来源(他们最多可以列出两个"主要"新闻来源),50%的人将数字媒体列为他们的"主要"新闻来源,28%的人选择了报纸。① 电视既简单又方便,这不是一件坏事。它传达了基本信息,生动地传播了我们大多数人大概率能理解的内容。随着电视屏幕越来越大、越来越好,它的画面比你在手机上看到的画面更加震撼。但随之而来的,却是报纸的困境并没有给大多数美国人带来生活经验上的显著差距——或任何差距。大约50年,越来越多的美国人将电视而不是报纸作为他们的主要新闻来源。大多数人不了解或者根本不关心电视是从报纸上获取的新闻。在全美50个州府,报社加通讯社有专职记者410人,电视台有88人。86%的地方电视台在州府没有一名专职或兼职记者。②

第五,如果对社会和公民福祉真正重要的不是被扔在门口的纸制品的消失,而是公正的、分析性和监督性新闻报道的减少,那么它们(如果有的话)下降了多少呢?如果此类新闻可以通过报纸以外的其他方式提供,并且一些组织或机构可以支付巴格达记者站的费用,甚至在出现诽谤诉讼时支付律师费用,那么新闻业的公民价值就可以维持下去。

---

① Pew Research Center, "Amid Criticism, Support for Media's 'Watchdog' Role Stands Out" (August 8, 2013), p.13. At http://www.people-press.org/2013/08/08/amid-criticism-support-formedias-watchdog-role-stands-out/. Based on a survey conducted July 17-21, 2013.
② Pew Research Center, "America's Shifting Statehouse Press" (July 10, 2014), pp.6, 11. At http://www.journalism.org/2014/07/10/americas-shifting-statehouse-press/.

美国有 1,350 多种每日印刷的报纸,尽管它们基本上都是在线出版企业的一部分。这些报社中很少有人获得过普利策奖,它们也基本没有开设过外国分社,或拥有过全职驻外记者,又或者,拥有过在本国首都的全职或兼职记者。当然,情况可能更糟——而且确实如此。H. L. 门肯(H. L. Mencken)——他拥有一个臭名昭著的尖刻灵魂——回忆说,当他在 19 世纪 90 年代开始从事新闻工作时,大多数城市都被"可怕的破烂、贪婪、脆弱和卑鄙"所支配。我在 20 世纪五六十年代的成长时期所阅读的报纸则要好得多;它们只是平淡无奇,缺乏好奇心,而且是近亲繁殖的产物。有研究支持了我这种不充分的判断。长期担任《美国新闻评论》专栏作家的卡尔·塞申斯·斯特普有一项研究,比较了 1964 年和 1999 年十几个主要地区的都市日报,并得出结论——我无法想象会有其他的结论——无论从任何标准来衡量 1999 年的报纸,它们几乎都优于 20 世纪 60 年代的同行:它们有更好的写作,更好的外观,更有条理,更有责任感,更不耸人听闻,它们拥有更少的性别歧视和种族主义内容,更多的信息和公共精神[①]。

这些都向我表明,应该正确看待对新闻业未来的绝望。诚然,报纸和美联社一直是,并且在 2014 年仍然是

---

① Carl Sessions Stepp, "The State of the American Newspaper: Then and Now," *American Journalism Review* 21 (1999): 60-75. 其他相关研究参见 Katherine Fink and Michael Schudson, "The Rise of Contextual Journalism, 1950s—2000s," *Journalism: Theory, Criticism, Practice* 15, no. 1 (January 2014): 3-20。

120　美国新闻采集的支柱。在过去的半个世纪里,对原创报道(original reporting)最敏感也最有影响力的新兴贡献者可能是公共广播,尽管它对本地报道的贡献在多数媒体中都非常小。在这些媒体中,在线非营利组织令人印象深刻,其中一些可能被证明具有持久的影响力。以报纸为基础的新闻机构仍然是新闻界的巨头,尽管它们新闻编辑部的人数和预算都被削减了。

值得怀念的是,报纸不仅向地理上同一空间社区内的成员传递有趣且有时有用的信息,还为这些社区代言并成为这些社区的代表。即便如此,这些新闻机构很少表现对"监督"新闻的敏锐性。因为没有多少人会对地方新闻采集进行大量投资。除了少数辛迪加专栏的作家,很少有人能提供足够的深度分析。他们印刷的大部分新闻都是人们直接交付给他们的——有时就是字面意思。在商业报道的历史中曾经也如此,它几乎不配使用"报道"一词。正如记者罗伯特·萨缪尔森在 2002 年的回忆,他于 1969 年加入《华盛顿邮报》做商业记者——是 7 名商业记者之一(本·布拉德利 1965 年成为该报编辑时,该报只有 1 名商业记者;到 2002 年,则有 85 名)。1969 年,商业"版"(无专业版面)被"塞在体育版后面"。当时,"批评性报道往往因其稀缺性而引人注意,商业记者则寂寂无名,他们通常被认为比公司的宣传员好不了多少"①。

此外,在美国新闻史上,人们在 20 世纪的六七十年

---

① Robert J. Samuelson, "Moving Toward the Mainstream," *Nieman Reports* (June 15, 2002). At www.niemanreports.org/articles/ moving-toward-the-mainstream/.

代首次认识到,新闻编辑部偏狭的人员结构——几乎没有少数族裔雇员,少数女性雇员也主要局限于从事时尚和上流社会的写作——导致新闻报道的范围狭窄。这一点在70年代有所变化——也许还不够,但也足以产生重大的影响。1968年之后,美国新闻业才变得比以往任何时候都更多样化、更具批判性、更有调查性、更深思熟虑。

报纸在理论上是民主自治的基石,而在实践中,它们的出版商关心的是其投资的良好回报,而不是促进民主。可我认为,1968—2005年的美国新闻界尽管存在缺陷,但仍是值得骄傲的。这段相对短暂的时间,未必形成了伟大报道不间断传统的一部分,但它简短而深刻,在成千上万的记者中培植了一种雄心勃勃且具有公众意识的职业使命感。在记者还未理解他们职业的意义之前,这种强烈的公民责任和机会意识就已经深植于他们心中——不仅是在50到100家最好的报社,其他1,300家报社也是如此,即使后者几乎没有为他们理想主义的员工提供地方性机构应有的支持。

从那时以后发生了如此深刻的变化,而这一改变并不源于1791年《宪法第一修正案》迅速确定的那一套固定的、静态的做法,也不开始于沃尔特·李普曼哀叹新闻业服务其民主愿望的能力有限的20世纪20年代,更不源于其他因素。新闻业内外发生变化的节点是在20世纪70年代,恰恰在数字革命彻底撼动新闻业的核心之前。

1945年之后,甚至更完全地是从20世纪60年代起,包括美国在内的民主制度变为"监督式民主"(monitory

democracies)或"抗衡式民主"(counter-democracies)[分别引用约翰·基恩和皮埃尔·罗桑瓦隆(Pierre Rosanvallon)的表述]。① 具体来说，这就意味着较少依赖政党组织的选举，更多依赖通过一系列广泛的机制对民选官员问责：更具攻击性和批判性的媒体；越来越多地参与社会运动和其他形式政治抗议的公民；有组织的公共利益团体的激增；政府内部的问责要求、检查、调查和透明性实践的制度化。由此，新闻业在"监督式民主"中的角色发展为一种新型的、专业化的、自觉的"看门狗"角色，它问责政府，并帮助受众理解发生在国家首都和全球的复杂且遥远的事件，这些事件影响着公民的日常生活。

人们对最好的新闻业的期望并没有全部实现。它将招募新成员，找到受众，并为自治作出有益的贡献。若让我更仔细地谈谈新闻制作的变化，我最多只能保持谨慎的乐观。对人类事务中的任何事情持完全乐观的态度都是不谨慎的。毫无疑问，我们应该感谢那些充满乐观情绪的人的引导，但掩卷沉思，我对新闻业的期望只会更加谨慎。

二、转型中的新闻制作

(一)金鱼缸(众目睽睽之下毫无遮掩的局面)

报道新闻的记者，尤其是那些报道引人注目的事件

---

① John Keane, *The Life and Death of Democracy* (New York: Simon & Schuster, 2009) and Pierre Rosanvallon, *Counter Democracy* (Cambridge, UK: Cambridge University Press, 2008).

或活动的记者,他们的工作过程受到前所未有的各种各样的人的监视。在"过去"——20世纪七八十年代——例如,在总统竞选活动中,记者可以互相开玩笑,在开展业务时可以拥有隐私或享有协议保密的时刻。这在今天是完全不可能的。"人们在盯着你,"哥伦比亚广播公司的新闻节目《CBS新闻》的记者,在报道希拉里·克林顿2008年的竞选活动时说,"现在每个人都有一个摄像机,他们总会抓住你。"已故的海伦·托马斯(Helen Thomas)在合众国际社(United Press International,UPI)担任了57年的记者,2010年还在赫斯特报业公司(Hearst Newspapers)工作,年近90岁。她在接受一家鲜为人知的犹太事务网站的简短采访时批评了以色列。托马斯将以色列人评判为巴勒斯坦人的侵略者,并建议以色列的犹太人返回他们原来所在的国家——波兰、德国以及美国。之后,与她密切合作的人很快与她撇清关系,对她的邀请被撤回,以她的名字命名的奖项也更名了。[1]

这种相互监视不是面对面的,而是在线的。传统编辑们在记者工作上花时间和精力的机会更少了,但成千上万的编辑在网上涌现,准备对事实、语法、政治、意识形态和想象中的过错提出建议、纠正、批评或攻击。

(二)点击量(Clicks)

商业公司和新闻机构都可以使用在线"指标"来衡量

---

[1] Jeremy W. Peters, "Covering 2012, Youths on the Bus," *New York Times*, August 30, 2011; and Wikipedia entry on "Helen Thomas."

读者"点击"特定新闻作品的频率(有时还有他们在那里停留的时间),而且,基本上任何规模的新闻机构都在购买此类服务,并使用这些点击量来衡量单个作品的受欢迎程度。由此,它们可以了解什么样的故事受欢迎,什么样的故事可能会吸引更多读者,以此为依据提高新闻机构网站的吸引力和特定记者的变现价值。在数字时代之前,进行此类评估相当困难,即使人们可以通过非正式的方式[如打入编辑部的电话"铃声"(buzz)],了解到一些记者由于对大量受众异常有吸引力而在读者中广为人知。然而,现在这是日常做法,被广泛应用于整个新闻业务中。

即便如此,一些新闻机构的编辑更愿意自己保留可观的"点击量"信息,而不是在新闻编辑部里炫耀,以委婉地褒贬其他编辑。他们希望更多地通过新闻价值而不是市场价值来评判记者——作为编辑的他们想在新闻制作过程中保持控制权。① 而对于在职记者,在市场上成功的意识似乎比以往任何时候都更突出。一些新闻网站已经选择依据点击量向作者付费。聚焦名人的新闻网站Gawker(于2016年关闭),在90天的试用期内,向新员工支付每月1,500美元的工资和最高达6,000美元的奖金,奖金与他们所吸引的点击量挂钩。在试用期结束时,

---

① 编辑对记者隐瞒"点击量"的实践,文献依据来自 Caitlin Petre, *The Traffic Factories*, a Tow Center Report, Tow Center for Digital Journalism, Columbia Journal School. At https://academiccommons.columbia.edu/ catalog/ac:kd51c59zxv。

有意愿留下的记者会根据他们的流量被企业雇用或解聘。①

(三)仓鼠

2010年9月,迪恩·斯塔克曼(Dean Starkman)在《哥伦比亚新闻评论》(*Columbia Journalism Review*)杂志的封面故事中描绘了一只在转轮上的可爱仓鼠。没有一个记者会对它的寓意有丝毫怀疑:新闻媒体的记者被要求制作越来越多的新闻故事,数量比以往任何时候都要多,质量却令人堪忧。斯塔克曼写道:"仓鼠轮飞转的重点不在速度,它是为运动而运动。仓鼠轮是对量的无脑追求。这是一种新闻恐慌,是记者缺乏规训、不懂拒绝的表现。"②情况正在变得更糟。曾获得普利策奖、长期备受推崇的波特兰日报《俄勒冈人报》,2014年要求记者在上半年将该报网站新闻的平均数量增加25%,在下半年再增加15%——顺便说一句,这样做是为了"每个季度通过两个主要指标来打造一流的新闻和数字化企业",这两个指标就是"页面浏览量"和读者"参与度"③。

---

① David Carr, "Risks Abound as Reporters Play in Traffic," *New York Times*, March 24, 2014, pp. B1, B6.
② Dean Starkman, "The Hamster Wheel," *Columbia Journalism Review* (September, October, 2010), pp. 24-28, at p. 26.
③ David Carr, "Risks Abound as Reporters Play in Traffic," *New York Times*, March 24, 2014, pp. B6.

(四)失落感

如果你曾经是获胜队伍的成员,或是它的忠实粉丝,你就会知道胜利能给人带来多大的喜悦。如果你曾经效力于一支失败的队伍——不仅是输几场比赛,而是经历过一场又一场的失败,漫长又无法挽回的低迷,你就会知道它是如何让赛场内外的一切都笼罩在阴影中的。火灾或洪水过后,社区会哀悼、重组、重建,这需要时间。最开始,社区里的人会长时间地生活在那些失去的关系中。那么,想象一下,你孤零零地坐在当代美国报纸的新闻编辑部里,十年前的同事约有三分之一已经不在这里了。[①]他们不是被取代了,办公室里有许多桌子还是空着的。只有回到1970年,当时美国人口为2.03亿,而不是2010年的3.08亿,你才会发现新闻编辑部中编辑人员的数量与现在的差不多。也就是说,1970年,每500名美国人中就有一个日报记者;今天,每750个美国人中才有一个。

工作岗位上负责重要领域报道的人手变少了。2003年,有近500名报纸记者驻扎在各州首府,全职报道各州的时政新闻——今天这个数字只有300人左右。根据皮尤研究中心的报告,在州首府的报纸报道工作中,有164个全职工作岗位消失了。没有人会说500就是合适的数字,或者说有了500人,州首府时政报道就能达到生动和

---

① Pew Research Center, "America's Shifting Statehouse Press," p. 5,报道了美国报刊编辑协会提供的数据,在2003—2012年,日报编辑部的雇员下降了30%。

深度的顶峰。也没有理由否认 126 名新的全职州议会记者为各种新的——主要是在线出版物(其中一些是"内部"业务,另一些是党派或宣传业务,以及各种普通新闻创业公司的业务)弥补了一些空缺。事实上,比起 2003 年人数较多的新闻编辑部,新的数字资源能让较少的州议会记者进行更好的报道。但是,如果你是那 164 名在州首府失去工作的人之一,或者你是其他失去同事、朋友、竞争对手或同事—朋友—竞争对手的人之一,这就不是一件令人宽慰的事情了。①

(五) 活力!

新闻样式层出不穷。长期以来,新闻业中有各种各样的新闻样式,绝不仅仅是倒金字塔式的、以事实为中心的、无幽默感的、客观的,没有讽刺、分析或情境润色的硬新闻。从 20 世纪 70 年代开始,一度占据主导地位的传统新闻故事,为分析性或情境式新闻提供了越来越大的空间,包括罗德尼·本森所说的"情感型第一人称叙事"(emotional first-person narrative)。本森发现,在法国,常规新闻样式比较罕见,更多的是一种名为"辩论合奏式"(debate ensemble)的新闻样式,即用一组密切相关的新闻故事来报道一个统一的主题,从不同的视角展示主题的不同方面,而没有一个单一的作者的声音试图统一

---

① Pew Research Center, "America's Shifting Statehouse Press."

协调它们。① 本森批评美国记者的第一人称叙事常常不能超越叙事而进入分析。我强调这一点是因为，这是一种独特的新闻样式，它寻求的不是传统的"何时—何地—何人—何事"的"4W"的"告知"模式，它的目的是唤起人类的认同和情感反应。它在新闻业的历史可以追溯到19世纪，但自20世纪70年代以来，随着主流报纸开始寻求提供电视不常提供的内容，并为越来越多受过大学教育的人提供相应的报道，情感型第一人称叙事文体就变得越发重要起来了。②

但这仅仅是个开始。随着数字新闻的出现，为报道新闻创造新的类型和模式——从而重新定义新闻——是记者、独立作家、技术人员，以及当今新闻中所有拥有模糊的组合身份的人都无法拒绝的追求。2005年，当《纽约时报》执行主编比尔·凯勒（Bill Keller）宣布合并印刷版和在线版的新闻编辑部时，他期待着重组"我们的结构和理念"，并以"熟悉但正在被发明的新形式"打造一种新的

---

① Rodney Benson, "Why Narrative is Not Enough: Immigration and the Genres of Journalism" in Giovanna Dell'Orto and Vicki L. Birchfield, eds., *Reporting at the Southern Borders: Journalism and the Public Debates on Immigration in the US and the EU* (New York: Routledge, 2013); Rodney Benson, *Shaping Immigration News: A French-American Comparison* (New York: Cambridge University Press, 2014).

② 对相关数据的汇总，参见 Fink and Schudson, "The Rise of Contextual Journalism, 1950s—2000s," *Journalism: Theory, Practice, Criticism* 15, no. 1 (January 2014): 3-20。

新闻业。① 2010 年,《卫报》编辑艾伦·拉斯布里杰(Alan Rusbridger)兴奋地说:"记者之前从未能如此有效地讲述新闻故事,从未能像现在一样彼此碰撞,(以最慷慨和最开放的方式)互相链接,联系外部,引用数据,快速响应——利用品质上乘的文本、印刷、数据、声音和视觉媒介。如果新闻机构要走上一条有受众、受信任和有相关性的道路,那就需要接纳这个新世界的所有可能,而不是把自己与它们隔离开来。"②

(六)搜索

"搜索是信息时代的口令,"社会学家大卫·斯塔克写道,"在重塑日常工作和生活的众多新信息技术中,也许没有比新的搜索技术更强大的了。"③大卫·卡尔是对的,在线搜索比新闻编辑部的"人工"搜寻和选取更为有效。你可以在线上获取更多的信息,只需点击几下鼠标即可。即使没有经济衰退和克雷格列表(Craigslist)网站,新闻机构仍然会裁减数千个工作岗位——因为它们不再被需要。人数更少的新闻编辑部一样可以发布质量相同

---

① 转引自 Matthew Powers,"'In Forms That Are Familiar and Yet-to-Be-Invented': American Journalism and the Discourse of Technologically Specific Work," *Journal of Communication Inquiry* 36, no. 1 (2012): 24-43。

② Alan Rusbridger, "Does Journalism Exist?" This is from a speech delivered in 2010 and published on the website "PaidContent." At http://paidcontent.org/article/419-rusbridger-does-journalismexist/print/.

③ David Stark, *The Sense of Dissonance* (Princeton, NJ: Princeton University Press, 2009), p. 1.

甚至更好的新闻。

与此同时,"搜索"也可以被操纵。"搜索引擎优化"(search engine optimization, SEO)的各种技术都可以操纵它。熟悉 SEO 技术的人会问,当你输入一串搜索词时,谷歌的算法是如何判定该将这串词放到它即时检索到的结果列表中的较高或较低的位置呢?你要如何写一个标题、一个导语,又该如何为一本书、一首歌、一部电影、一场表演拟一个标题,使它处于搜索结果的顶部位置呢?或者,那些需要修复受损的网络声誉的企业该如何将谷歌列出的陈旧罪名,或带有它们名字的过时恶行,或使人寝食难安的陈旧争议推到搜索结果的第二页、第三页或第十页呢?网络上异常丰富的信息并非被随机或中立地呈现着;记者也没有因为询问谷歌,而不是新闻编辑部的同事,就规避了偏见或公共关系的影响。

(七)合作

在线新闻业务、传统报纸、电视台以及公共广播电台的伦理体系,已经从排他的转变为共享的。这一趋势尤其被小型的、在线的、通常是非营利性的新闻机构所推动,因为它们很少成为浏览者的"目标"(destination)网站。这些机构需要利用其他媒体来发布它们的故事,让自己的名号变得响亮。Voiceofsandiego.org 是第一批仅提供在线新闻的非营利组织之一,为了传播他们的工作,其编辑经常出现在圣地亚哥的商业电视和公共广播电台的节目中。它是广告和公共服务的综合体。过去,报纸会竭尽全力地避免认可(crediting)它们的竞争对手,甚至不提及竞争对手,但现在,新闻机构会与以前的竞争对手交换新闻采集任务,引用它们的博客,认可 ProPublica 的报道,与凯撒健康研究员组织(Kaiser Health Fellows)合作,从哥伦比亚师范学院赫金杰(Hechinger)研究所的教育记者那里获取新闻,也会与南加州大学的加州医疗保健基金会(California Healthcare Foundation)的新闻项目合作开展调查计划。在《波士顿环球报》(Boston Globe)担任过记者的沃尔特·罗宾逊(Walter Robinson)主持的美国东北大学的研讨会上发言的学生,也在《波士顿环球报》上发表了头版调查报道。①

(八)数 据

最新的、现成的相关数据,使制作一流新闻比以往任何时候都更容易。你不需要像《纽约时报》那样拥有一个千人编辑部,就能在网上找到哪个外国说客(lobbyist)就哪些法案联系了哪个国会议员——你只须登录:www.foreign.influenceexplore.com,一个行政公开,由非营利性组织阳光基金会(Sunlight Foundation)制作和维护的网站,该基金会与在线调查新闻非营利组织 ProPublica 有合作关系。也就是说,今天的新闻机构不仅制作新闻故事,还建立数据库。

如果你是一名对国会"专项拨款"(earmaking)法案

---

① Tim Francisco, Alyssa Lenhoff, and Michael Schudson, "The Classroom as Newsroom: Leveraging University Resources for Public Affairs Reporting," *International Journal of Communication* 6 (2012): 2677-2697.

的话题感兴趣的记者，你需要如何跟踪报道它呢？答案是上"纳税人常识"（Taxpayers for Common Sense）网站，这是一个成立于 1995 年，具有保守倾向的非营利组织。它建立了一个"专项拨款"数据库并持续更新，这个数据库已经成为华盛顿记者追踪"专项拨款"法案的起点。

你想报道地方国会代表团的投票记录吗？直到不久前，这还是一项耗时的任务。美国政府的在线记录不支持通过立法委员的名字检索并下载其投票记录（roll-call votes）。你可以上网查看每一个正在进行投票的法案，并向下滚动找到"史密斯"代表，然后自己进行统计，可你无法通过搜索"史密斯"来获得这位议员对每个法案的投票记录。但现在你可以在 OpenCongress.org、GovTrack.us（均由非营利性行政开放组织构建），或 WashingtonPost.org 上做到这一点。

人们对这种新的透明度提出了很多主张，但驻华盛顿的一些老到之人看出了它的弊端：当政客们的一举一动都能被媒体和公众看到时，他们怎么会冒险达成协议和妥协，从而使政治运作起来呢？捍卫隐私之人也对此感到担忧。那些认识到弱势个体对自我保护的合法诉求的记者们也忧虑不已。正是这些弱势个体勇敢地将自己置于危险之中，成为记者的信源，并传递内部消息。1966 年《信息自由法》的颁布到电子治理（e-government）诞生所引发的透明度实践的兴起，都被认为对那些可以在台式机或笔记本电脑上研究新闻——甚至发现新闻——的记者来说，是一种莫大的激励（对于那些在学院里研究新闻的人来说，没有任何由大学、新闻机构或新闻机构的专业协会提供的有关新闻业本身的数据和数据分析,能比皮尤研究中心免费提供给任何访问其网站的人的数据更具优势)。

(九)激情

博客、非营利组织、小型且零散的专门或"单一主题"的在线新闻机构,强迫症、怪才、书呆子和充满无限热情的失眠者的激增,都使当前的数字新闻系统运行得比预想之中要好得多。记者,以及诗人、艺术家、音乐家、演员和舞者,长期以来一直在没有商业模式的情况下追求自己的事业,苦苦等待机会的来临。一些记者创办了另类周刊,另一些记者为政治杂志工作,或尝试创办素食杂志,或作为自由撰稿的驻外记者兼职谋生。他们过着收入微薄、毫无光彩的生活,但他们充满激情,不断降低对安逸生活的期待,即使他们有时还需要来自父母、配偶或众筹网站 Kickstarter 的补贴。本文研究这一点并不是在推崇这种生活方式,而是想从中认识到一种维持着新闻业的不可遏制的力量。许多人随着年龄的增长组建家庭,渴望拥有一个家,寻求日常的安稳,激情褪尽,但是,当新闻业失去其中一些激情者时,更年轻的人会补位,这些青年人有令人惊叹的网络知识、写作天赋和对正在发生的事情的敏锐感知能力。

(十)参与

长期以来,公民一直在向新闻机构提供"新闻线索"。现在这样做当然容易得多。但是,这并不意味着我们可以宣布新闻业已然民主化,每个男人和女人都是自己的新闻机构。不过,我们也不能忽视这种新的广泛散播的能量。长期以来,全职专业人士和兼职业余爱好者都肩负着维护社会的责任。"保健医生"是一种误称——长期以来他们一直是辅助性医疗实践者。就像母亲(有时是父亲)一直是社会上一线医疗的提供者,虽然这一事实并没有削减训练有素的医务人员的重要性,但它意味着人们需要意识到值得认可和关注的劳动分工的重要性。在新闻业,这样的分工情况比以往任何时候都更常见。

结论

无论好坏,这些都是当今新闻机构新闻制作的一些关键特征。新闻一旦被制作完成,就会经所有传统渠道以及互联网来寻找并频繁传递给某一受众。这样做的优势是压倒性的,以至于人们必须拥有相当的想象力才能思考,来自全国各地和世界各地的新闻产品,可以触达任何拥有计算机或智能手机的人这件事,是否会存在问题。这里的"任何人"还不是"所有人",也许,未来几十年也达不到"所有人"——但这"任何人"已经包括了数十亿人。

这件事当然有消极的一面。人们在网上阅读时吸收的信息不如在纸上阅读时吸收得多。这些触手可及的信息会让人分心。在大学教室里,那些表面上在用笔记本电脑做笔记的学生,很有可能是在订午餐、买电影票、回复电子邮件、上网或注册其他课程,而不是盯着眼前这门课。当然,过去人们也会在课堂上随手涂鸦或做白日梦。

只是现在一些心理学研究表明,即使学生真的在笔记本电脑上记笔记,他们学到的东西也比在纸上记笔记学到的要少。①

那么,人们应该对此有何感受呢?他们在黑暗中吹出的那声口哨会是轻快的曲调吗?

想象一下,你怀着崇高的理想和希望进入新闻业,当时——20世纪70年代、80年代甚至90年代——传统新闻机构虽然在数量上缓慢减少,却繁荣兴旺,而且似乎永恒不变。即使那些拥有两三份或更多日报的城市,越来越多地变成只有一份日报,但幸存的报纸仍有很大的利润空间。他们制作的新闻似乎变得更加丰富和多样。是的,它不仅包括了传统"倒金字塔式"的忠于事实(just-the-facts)的新闻报道,还远不止于此。而在今天,一些事实资源被留着用于调查性报道。今天,人们欣赏这样的报道,即记者会向读者介绍自己手边就有的关于这个新闻事件的背景材料,也就是所谓的解释性或分析性新闻。今天,新闻机构给个人风格提供了更大空间,针对不同生活方式或社会问题,会有来自各行各业的个性化叙述;在"专栏"版和社论版上既有分析又有论辩。新闻业正在变得越来越开放。

传统媒体曾经为民主作出过贡献,正如克莱·舍基的绝妙之说,由于一个幸运的意外——广告商出于赢利的目的愿意为高质量的新闻付费,也就是说"沃尔玛愿意

---

① Pam A. Mueller and Daniel M. Oppenheimer, "The Pen Is Mightier Than the Keyboard: Advantages of Longhand Over Laptop Note Taking," *Psychological Science* 25, no. 6 (2014): 1159-1168.

补贴驻巴格达记者站"①。事实的确如此,但请记住,许多美国报纸所刊载的严肃负责的或监督性的新闻是如此之少,或者换句话说,在这个国家1,350多家日报中,有多少家曾经有过巴格达分社,或者在更久以前,有过西贡分社或莫斯科分社——或任何外国分社?又有多少家拥有一名全职的州议会记者——哪怕是曾经?沃尔玛或在沃尔玛之前的西尔斯和潘尼(Sears and Penny's)、诺德斯特龙和梅西(Nordstrom's and Macy's)、A&P和西夫韦(Safeway),以及成千上万的汽车经销商、房地产经纪人和合租中介、房屋转包商,还有二手自行车、汽车、家具和服装的卖家,后来都蜂拥到Craigslist上,这些商家提供的资金本可以在所有1,350多家(或曾经的1,700家)日报中,孵化严肃、认真、强硬的报道。事实上,即使在大多数盈利的报纸中,这种"蜂拥而至"的情况也从未发生过。

但无论如何,20世纪70—90年代进入新闻业的许多记者都有很好的工作,在工作中也会有志同道合的伙伴、普遍可接受的薪水,以及对新闻业必然性和应然性的日益提高的期待而带来的心理补偿。在"后—水门事件"时代,记者们得以用一种全新的方式傲然于世。

然而,这些曾如此笃定的东西崩塌了。如果你足够幸运,保住了自己的工作,那么这份工作在很多方面都比以前更痛苦(见上述"点击量""仓鼠"等内容),也更令人不快(见上述"失落感"的内容)。记者们除了沮丧还能有

---

① Clay Shirky, "Newspapers and Thinking the Unthinkable," March 13, 2009. At http://www.shirky.com/weblog/2009/03newspapersand-thinking-the-unthinkable/.

什么感觉呢？

让我们暂时回到20世纪的70年代。20世纪60—70年代发生在报纸上的事情非常有影响力，但与技术变革没有多大关系。这是美国记者志得意满的释放，是宏大的社会变迁的一部分。20世纪60年代发生的事情教会了许多美国人以及世界上的无数人，美国政府不能被信任，而且这么说是安全的，也许还是值得钦佩的。并且，这种说法反映在行动上；反映在民意调查中，美国公众对于诸如"我相信政府会做正确的事情"，或"政府的决策在大多数时候都是出于公共利益"之类的说法的信任度在下降；也反映在给编辑的信中，美国公众投票反对现任领导者，组织新协会，发现或发明新的抗议途径。一个更包容、更喧哗、更无视权威的社会出现了，美国人对公开的异议也就越发处之泰然了。

这在今天的美国新闻业随处可见——在对社会科学、人文学科、新闻业、调查报告、社会运动、倡导型智囊团、倡导式诉讼的报道中。虽然负责此类报道的人仍然高度集中在职业记者中，但是一种新型民主化的举证者也在激增，这要感谢手机摄像头在记录世界（偶尔还会改变世界）方面的强大功能，还要感谢YouTube一类的网站在传输目击者的记录型证据方面的功能。

一些传统新闻机构在新旧媒体融合方面的创造性举措也不容忽视。记者们不仅在他们所供职的"旧"新闻机构的网站上写博客，也从阅读博客中受益——正如记者们所说的，他们的新闻故事会引用博客作为新闻来源。2008年，《纽约时报》刊登了多丽丝·邓吉（Doris

Dungey）的讣告。是什么原因促使《纽约时报》将其宝贵的版面用于刊登邓吉女士的讣告？她是俄亥俄州的一名中年博主——截至2008年，网上已经有数百万的博主，为什么是她？因为这个拥有文学学士学位的女士在抵押银行业务领域工作了20年后，开始以高超的写作技巧和辛辣的语言风格写博客（博客名为"CalculatedRisk"），吸引了相当多的经济学家的注意，不只是他们，她的关注者中还有获得诺贝尔经济学奖的经济学家、《纽约时报》专栏作家保罗·克鲁格曼（Paul Krugman）——他在个人专栏中也引用了邓吉女士的博客。其他读者则不那么专业，只是喜欢读她的作品。在她去世后，一位喜欢她的读者写道："我偶然发现了她的文字，当时我甚至不关心抵押贷款，说实话，我关注她的唯一原因是她让我有机会读到她的文字。"①

即使在未来几十年内会出现无纸化的局面，或者至少是少纸化的局面，报纸也需要大量的投资来支持"监督式民主"所需要的耗时、艰苦且偶尔需要律师的专业新闻。用户生成的内容、独立博客或社交媒体传播的新闻，或任何越来越多的、引人注目的、引人入胜的新闻业的新事物——甚至所有事物——都无法撼动《纽约时报》《华盛顿邮报》或美联社的地位。当然，《纽约时报》《华盛顿

---

① David Streitfeld, "Doris Dungey, Prescient Finance Blogger, Dies at 47," *New York Times*, November 30, 2008; and an anonymous reader cited in Bill McBride, "In Memoriam: Doris 'Tanta' Dungey," on the blog, *CalculatedRisk*, December 8, 2008. At www.calculatedriskblog.com/2008/12/in-memoriam-doris-tantadungey.html.

邮报》和美联社也在为不被取代而自我重塑。

随着报纸失去读者,新闻编辑部裁员,原创新闻业为其他新形式的新闻业提供了营养,自身却面临风险。不过,其他新形式也反哺着原创新闻业。

维基解密(WikiLeaks)出于自身原因,将主要新闻机构的内容聚集并合并出版;作为它的竞争对手,全国各地的其他新闻机构现在也与之进行合作。而在10年前,这种行为是让人难以容忍的。像ProPublica这样资金雄厚、知名度高的在线非营利组织,它会将其调查性报道产品赠送给传统的纸质报纸,以便信息得到更广泛的传播。在2009年成立的名为"调查新闻网"(Investigative News Network)的协会,其有100个成员组织,它们几乎都是小型组织,而且都是2000年以后建立的——但这并不能弥补在过去10年中消失的20,000个报纸新闻编辑部的工作岗位。① 不过,这些小型组织中的大多数主要致力于调查性报道或"问责新闻",任何传统的新闻编辑部从来都不可能是这样的。这些小型组织正在想方设法地充分利用新技术和新机会,同时又不放弃职业奉献精神。事实上,经过漫长的一个世纪,这种职业奉献精神终于成为一种职业追求,我们应对其致以最崇高的敬意。

---

① 参见 http://investigativenewsnetwork.org/about/。

第三编

简论新闻业与民主

第八章 公民权——依据《辛普森一家》展开的年代史

这篇文章源起于2005年我在哥本哈根的一次演讲,经过大改之后,被收录于2006年丹麦Tidsskriftet Politik出版社的一本书中。它是有关我的书《好公民:美国公共生活史》[自由出版社(Free Press),1998]的主题概要及讨论的文集。如果读者想看到更全面的解释和脚注,可以去读《好公民:美国公共生活史》。你当然不会在本文中找到任何有关《辛普森一家》(The Simpsons)的内容,但是你会了解美国公民生活的四个时代,它们被我分别以《辛普森一家》主角的名字玛吉(Marge)、霍默(Homer)、丽莎(Lisa)和巴特(Bart)命名,并进行了细致的阐述和论证。

要理解新闻业对民主的作用,或者新闻业对民主重要制度的影响,首先需要理解民主,我们要承认尽管没有一种民主是"模式化"的,但是,独特模式下的民主,确实有特定社会及其特殊历史时期的特征。在不同社会的不同历史时期,民主有着不同的模式,会形成独特的民主"品质"。因此,在18、19世纪至今的社会现代化过程中,各种民主的特征已然改变。我这里关注的是,在美国的政治实践中,民主特征至少发生了三次显著变化——深刻改变的不但是实际的政治话语和政治参与的实践,而且健康社会中最理想的政治话语和政治参与也发生了改变。

美国在其政治史上的四个不同时代提出了四个截然相反的民主理想——有关民主应该是什么,民主国家的公民应该是什么样的。几年前在一个暑期研讨会上,我教过的一群高中教师建议,用《辛普森一家》为参考可以较好地总结我在这个话题上的立场。因此,本文中,我会用不同的辛普森家庭成员来象征不同时期美国的公民理想。

一、玛吉·辛普森时期,1789—1820:精英治理民主中的恭顺公民

在华盛顿和亚当斯政府时期,以及这之前不久的英国殖民时代,美国都在坚守一种被我称作"恭顺公民"的范式。在这个时期,一个理想的公民应该熟知他所在社区的领导们,为他们投票,并在任何具体事务上都服从于这些领导者的决定。这就是玛吉·辛普森的形象,她善良、尽责、富于道德感,并且通常很"本分"(清楚自己的位置)——恭顺,尤其对于她的丈夫霍默。在18世纪,选民投票率很低,也不被鼓励进行竞选拉票活动。选民们似乎只是根据候选人的性情和社会地位,而不是他们的政治观点进行投票。志愿性组织在私人生活中会受到欢

迎,但如果它们在公共事务上轻举妄动,就会受到怀疑。

想象你自己是殖民时期弗吉尼亚州的一个选民,这里也是乔治·华盛顿、托马斯·杰斐逊和詹姆斯·麦迪逊学会了他们的政治实践的地方。依照法律,你必须是一个白人男性,至少拥有适量财产,才能有资格去投票。这个群体在18世纪80年代选举日的投票率是40%—50%。法律要求人们投票,并且对那些不投票的人处以大量罚金——尽管这条法律很少被强制执行。如果你选择投票,那么你的投票过程也许会持续好几个小时,因为在美国的一个郡(county)里可能只有一个投票点。你大概要在郡投票点待上一整夜。如果你在乔治·华盛顿所在的地区(district),那么他的弗农山庄园(Mount Verson estate)可能会有晚餐和舞会,人们在那里自由自在,尽情狂欢。在1758年的一场选举中,华盛顿为每位选民提供了大概1.5夸脱(约1.5升)的酒。当你走近法院(或郡政府所在地)或其他投票站时,你会看到郡治安官就站在候选人的旁边监督选民投票。

你将站在治安官面前,大声宣布你投票的意向,让周围所有人都能听到。然后你需要走到你选择的候选人面前,与他握手,这是一种象征社会和睦的礼仪。你的投票是一种"同意"行为,重申和再次确定了一个社区的社会等级制度。在这个社区里,除了本地知名人士,没有人会想到自己要去参选公职。投票是完全公开的。选民会收到他们所青睐的那位绅士礼节性的现金酬谢。

在这样一个世界里,选民需要什么信息呢?殖民地教育的目的是向他们灌输宗教美德,而不是鼓励他们成为合格的公民。人们所理解的学校教育和阅读是指导性的,是为了引导公民更坚定地进入既定秩序;任何"知情公民"的观念都不是当时美国建国者们政治意识的主导思想。公民的全部知情权就是要充分了解候选人的性格,阻挠野心勃勃和自私自利的人当选,而不是充分了解如何自己评估公共事务——这是民选代表的工作。

二、霍默·辛普森时代,19世纪20—90年代:政党治理民主中的忠诚党众

19世纪初期,以大众为基础的政党出现,取代了建国者们的政党恐惧,理想的美国公民从有产的"恭顺公民"转变为民主、热情、从属于政党的参与者。一个自由、坚定的精英政体,借用当代术语来形容——开始走向自由和民主。尽管"民主"一词作为一面高扬的旗帜,似乎横扫了它之前的一切,但是美国的建国者们还是时常厌恶地谈论"民主",认为自己是"共和"政府的建设者,这种政体将适应但不会屈从于大众统治。公民政治参与的方式激增,政治领域开始欢迎各种各样的人进入。在新的政治参与的组织形式中——从民主化的教会到禁酒协会,再到废奴团体——政党成为政治参与的核心渠道。在地方和地区提名大会上,会有由大量公民组成的政党,选举日期间还会有更多供党派公民参与的野餐、烧烤、火把游

行、"揭竿"(Pole Raisings)集会①、欢乐合唱团、铜管乐队、会众游行(hooliganism)和群众动员。

在19世纪的大多数时候,这种节日性的政治是非常固定和流行的。霍默·辛普森会很快融入其中,尤其是因为选举日的活动主要集中在各政党最喜欢的酒馆里,人们差不多是边喝酒边投票。恭顺公民退居其次,在很大程度上,热情公民、党派公民和某些节日性竞选活动的参与者在这里取代了恭顺公民。在选举日当天,成千上万的受各政党雇佣的工作人员站在投票站附近,分发该党派的"选票"。选民们会从这些"票贩子"手中拿到票——一个为他喜欢的政党提供选票的人。然后他们就前往投票箱投下他们的选票。选民们甚至不需要看一眼自己的选票。他们也不必以任何方式标记它——很明显,他们甚至不需要识字。通常,一旦投了票,投票人就会因他的付出而得到回报。在19世纪80年代的新泽西州,多达三分之一的选民希望获得投票回报,投票回报一般为1—3美元。② 这种做法使这个时代成为美国历史上投票率最高的时代,也就不足为奇了,美国各地普遍能达到70%—80%的投票率(不包括南方)。

---

① 一种大众政治集会形式,每四年总统选举前召开一次,因以立起一棵杨树或榆树作为集会的象征而得名。这种仪式从杰克逊时代(1829—1837)开始贯穿19世纪以至20世纪早期,伴有乐队花车游行、巨大的烧烤野餐会和蛊惑人心的政治演说。到了20世纪20年代,伴随着现代传播和现代娱乐形式的出现,"揭竿"的集会形式逐渐退出历史舞台。——译者注

② John F. Reynolds, *Testing Democracy: Electoral Behavior and Progressive Reform in New Jersey, 1880—1920* (Chapel Hill: University of North Carolina Press, 1988), p. 47.

在那些日子里，这些选票意味着什么呢？英国学者和政治家，曾担任英国驻美大使若干年的詹姆斯·布莱斯(James Bryce)在1888年写道，他好奇"他们(美国的主要政党中人)的原则、独特的信条、倾向是什么？他们中哪一个是以自由贸易、公务员制度改革、积极的外交政策为目标的？"他这样自问自答：

> 一个欧洲人总是这样问聪明的共和党人和聪明的民主党人。他总在问，是因为他从来没有得到答案。而现有的答复使他更加困惑。几个月后，真相开始向他显现。任何一方对这些问题都没有明确的说法；两个政党都既没有任何宗旨，也没有任何独特的信条。①

美国现代历史学家对这样的观点深以为然。政治历史学家保拉·贝克(Paula Baker)认为："这一时期的政党政治也许只能被认为是边缘政治，因为在某种程度上，它缺乏与政府或政策的直接联系。"②

这就是19世纪美国政治高度活跃又表面化的基础。谁投票、多少人投票的问题，当然离不开投票意味着什么的问题。在总统选举中，有资格参加投票的选民的投票

---

① James Bryce, *The American Commonwealth*, vol. 2 (Chicago, IL: Charles H. Sergel, 1891), p. 20.
② Paula Baker, "The Culture of Politics in the Late Nineteenth Century: Community and Political Behavior in Rural New York," *Journal of Social History* 18 (1984): 181.

率远远高于今天,但这是为什么呢?把这些选民想象成诸多和霍默·辛普森一样的人。他们不会因为坚信一个政党比其他政党能提供更好的政策而投票;而各政党也更专注于分配政府职位而不是宣传政策。人们对政党的忠诚更多的是出于同志情谊而不是对政策的好恶,更多的是出于依恋政党而不是选择它们,这有些类似于当今人们对足球队的忠诚。选民投票选择的更多是从属关系而不是信念。饮料、金钱和戏剧让人们参与投票,这其中更重要的是社会关系,如果你愿意这么说的话——"身份政治"才是投票的动力,这种动力与政治理念或政治规划毫不相关。

三、丽莎·辛普森时代,19世纪90年代—20世纪20年代:怀疑政党(Party-Wary)民主中的知情公民

1890—1920年一系列重要的政治改革,使美国成为世界上最具政治独特性的国家,公民既敌视政党权力,又极其热情并夸张地参与对政党的赞助。常规选票由国家印刷,选票上列出所有合法政党的候选人,不再由各政党印制各自的选票,选票上只有本党候选人;在一些城市,无党派的市政选举取代了核心政党主导的城市政党选举;公民立法提案和全民投票,以及对参议员的直接选举,削弱了政党作为公民与国家之间的联系;政党资助和政党指导的报纸让位于独立的商业报刊。

这些发展都为一种新的理想公民——"知情公民",提供了制度基础。

这种知情的公民模式非常适合单一性和政策性指向的利益集团,从"共和大军"(Grand Army of the Republic①)对退伍军人抚恤金的倡导,到妇女选举权运动。事实上,随着帮助妇女落实选举权,美国女性选民联盟(League of Women Voters)逐渐成为主导之声,她们呼吁有关政治信息、知情政策的讨论和辩论,并有意识地疏远政党式的公民参与方式。

这种公民模式会让丽莎·辛普森感到骄傲。正如历史学家迈克尔·麦吉尔(Michael McGerr)所说,政党本身也开始采取更"信息化"或"教育性"的竞选方式。② 政党没有死亡,但进步主义时代对19世纪政治模式的厌弃,成功地促成了理性的、以提案为中心的新公民理想的出现。1900年和1904年仍然会有政治游行,这是旧方式的遗留痕迹,但它们正在迅速消亡。到了1908年,游行偶尔出现的原因被描述为"只是出于一种好奇,一种对旧日时光的苍白缅怀"③。拉横幅和"揭竿"集会逐渐变少。各党派不再雇佣欢乐合唱团和铜管乐队参加政治集会,

---

① "共和大军"是一个兄弟组织,由在美国内战中服役的联邦军、联邦海军和海军陆战队的退伍军人组成。它于1866年在伊利诺伊州(Illiois)的斯普林菲尔德(Springfield)成立,后发展成遍布全国的数百个"哨所"。它于1956年在其最后一位成员,明尼苏达州德卢斯市的阿尔伯特·伍尔森(Albert Woolson)去世时解散。——维基百科
② Michael McGerr, *The Decline of Popular Politics* (New York: Oxford University Press, 1986).
③ "The Passing of the Parade," *New York World* 2 (1908): 6.

转而开始出版小册子。

政党在召集自己的跟随者、说服不受约束的选民方面的投入减少了,政策性指向的道德式政党找到了一个新的方向。如果7月4日的建国宣言、对政府职位分配承诺和选举日的社会压力能够维持公民对政党的忠诚,那么新时代政党的成功就转变为更多的对良好政策的承诺——而不是对政府工作岗位分配的承诺。政治竞选的变化是整套改革的一部分,这些改革深刻地改变了美国的政治传播方式。现在人们必须登记才能投票,选举舞弊变得更加困难,贿赂也减少了。到了20世纪20年代,报纸变得不那么党派化,并且它们开始重视知情选民,这就使一些州,特别是西部的一些州,会为所有选民提供印刷版投票信息指南。今天,在加利福尼亚和俄勒冈等州,这些指南是由政府出资印制的,可以长达数百页。

选举改革成为美国新型政治的缩影。19世纪90年代,由于劳动者和上层阶级士绅改革家的推动,短短几年内,几乎所有地方都采用了一种新的投票方式,即所谓的"澳大利亚投票法"(Australian ballot)。这种投票方式来源于19世纪中叶澳大利亚的政治改革,一改之前选民只须将政党派发的选票投入票箱的投票方式。这个过程需要选民在政府提供的选票上先标记再投票,政治重心的象征性核心也从政党转移到选民。并非偶然的是,在强调丽莎·辛普森公民模式的同时,人们现在需要有基本的识字能力才能标记选票。当选民在一个投票亭私下标记自己的选票时,投票就从一种社会和公共权力转变为一种私人权利;从一种社会责任转变为一种公民责任。

前者是通过投票站周围的党务工作者施加的社会压力带来的政党服从,后者则是一种抽象的忠诚,只能通过个人的良知来具体执行。"知情公民"的理想赋予未来选民的认知任务,比以往任何时候都更具挑战性。它构成了美国人衡量政治美德的典型话语。同时,伴随着"知情公民"被奉为圭臬,一种新的机制出现了——文化水平测试——用于剥夺非裔美国人和移民的权利,以及一种新的传统,即对大众的政治无知的绝望。

历史学家理查德·D. 布朗(Richard D. Brown)将美国的知情公民概念从 1650 年追溯到内战时期。尽管他发现,早在 16 世纪中期英国就出现了这一理念的曙光,但这一理念并没有得到很好的发展,当然也没有占据主导地位。就连对 1688 年英国光荣革命时《权利法案》保证的言论自由的践行,也仅发生在议会内而不是在议会外。在英国及其北美殖民地,绅士受教育是被鼓励的,但大众教育并没有被普及。慈善学校是普通人受教育的地方,但其目的是教育他们"服从等级制的价值观和顺从煽动者的蛊惑"[1]。直到 18 世纪 60 年代,知情公民的理念仍然是"无足轻重的",美国开国元勋们对知识广泛传播和新闻自由的赞扬,不过使"知情公民"一词有了"仪式化"的意味。[2] 美国先贤们对知情公民的主张是一

---

[1] Richard D. Brown, *The Strength of a People*: *The Idea of an Informed Citizenry in America*, 1650 — 1870 (Chapel Hill: University of North Carolina Press, 1996), p. 44.

[2] Richard D. Brown, *The Strength of a People*: *The Idea of an Informed Citizenry in America*, 1650 — 1870 (Chapel Hill: University of North Carolina Press, 1996), p. 44, 49.

种防御姿态,它促进知识普及,保护民众免受煽动,但很少界定公民究竟应该获得什么样的良好知识(才能成为知情公民)。在 19 世纪初,知情公民的主张成为一种有力手段,它使劳动力更守纪律、更有生产力,帮助移民更好地融入美国生活,并培养了奉公守法的公民,它的目的不是训练选民明智地投票。直到 19 世纪末 20 世纪初,"知情公民"才不再是美国人心灵和观念的虚饰(而变为实际行动的方向)。

四、巴特·辛普森时代,20 世纪 50 年代至今:跨选举期(Trans-Electoral)民主中的悖逆公民

那么巴特呢？巴特·辛普森代表什么呢？巴特是反威权的、个人主义的、叛逆的,很适合作为民权运动所引领的"主张权利的公民时代"的代表。人们很容易将他视为一个悖逆公民,但相反,他提供了另一种理想中的好公民模式。

在某种程度上,如果说丽莎是纯粹的超我,巴特就是纯粹的本我;丽莎是良知,巴特就是冲动。但巴特身上还有比这些更重要的东西。自 1955 年亚拉巴马州蒙哥马利市的罗莎·帕克斯(Rosa Parks)拒绝在公共汽车上把她的座位让给一位白人男性以来,民权运动的代表们就一直在推动美国的政治变革,就像巴特坚持自己的权利一样。这可能是咄咄逼人的或挑衅的,也可能是自私自

利的,但人们主张权利不仅仅是为了获取自己想要的东西。这是一种默契的协议,需要以建立共同原则、共同目标和共同法律为基础。大多数社会运动——无论是反堕胎还是提倡堕胎合法化,环境保护主义者还是倡导完善最低生活工资条例,支持病人人权或学生择校权——也就是过去六七十年的美国政治运动,更多是通过边缘政党的机制在运作,虽然也并不总是如此。美国社会运动已经孵化出一系列令人眼花缭乱的政治运作方式,这些方式不断发展、爆发,最终成为政治舞台本身。政治学家罗伯特·达尔(Robert Dahl)在1961年就观察到,大多数人对政治本身的兴趣不大;他们关心的不是政治,而是"食物、性、爱情、家庭、工作、娱乐、住所、舒适、友谊、社会尊重等诸如此类的内容"①。然而,自1961年以来,这些领域中的每一项内容都被政治化了。这就是巴特的世界,并不完全是严肃、冷静、负责的,而是充满戏谑、狂妄、不敬,时而迷人,时而粗鲁或粗糙,能打破传统的。

巴特·辛普森时代的公民权一部分是关于权利的,一部分是关于这些权利的抗议性表达的,包括静坐和群众示威。它还包括污言秽语,比如罗伯特·保罗·科恩(Robert Paul Cohen)1968年在洛杉矶法院穿的夹克,上面印着对征兵制的侮辱性词语。还有1969年爱荷华州首府得梅因的高中生,他们因在学校佩戴黑色袖章抗议越南战争而被停课。科恩为《宪法第一修正案》赋予他的

---

① 关于个人主义政治,参见 J. L. Nolan, Jr., *The Therapeutic State* (New York: New York University Press, 1998), pp. 152-161。

言论自由权提起诉讼,最终他的案件被提交到最高法院,科恩赢得胜利。得梅因的年轻人也这样做了,同样打赢了他们的官司。他们对公众的关注回报以不敬、放肆和夸张的举措,这使他们成为巴特时代的一部分。这个时代的代表性形象是拉尔夫·纳德(Ralph Nader),一位脾气暴躁、孤立、固执的公民活动领导者;还可能是贪财但又固执又敬业的律师们,多年来他们一直代表客户起诉烟草公司。还有像辛迪·希恩(Cindy Sheehan)一样的人,她是凯西·希恩(Casey Sheehan)的母亲。24岁的凯西·希恩在2004年的伊拉克战争中牺牲。2005年夏天,当乔治·W. 布什总统在得克萨斯州老家度假时,希恩女士就在总统的克劳福德农场(ranch in Crawford)外静坐数周。尽管她未能见到总统,但她成功地激励许多人加入了她的行动,包括在伊拉克阵亡的其他士兵的母亲。

五、麦吉·辛普森的未来时代:会出现新的公民模式吗?

麦吉·辛普森能代表谁?或代表什么呢?长大后的她身上将体现什么样的公民身份呢?关于公民身份和政治,她会有什么样的观点呢?

麦吉和其他未来的公民一样,将借鉴以上四种描述过的模式——它们都没有消失,甚至连恭顺的公民也没有消失过。后来的模式会是之前模式的叠加。不过,我认为,"知情公民"模式支配着学者、政治活动家、学校教师和其他公民教育者的想象力。"恭顺公民"的模式也被完全压制;狂热的党派忠诚让人觉得似乎只有放弃独立思考才能被党派欣然接受;而以权利为导向的公民身份与毫不畏缩地追求权利的举动相结合,仍然被认为是公民参与政治的另类选择、一种逆流,但不是一种完全的新形式。

大多数关于未来公民权的猜测都集中在新媒体对政治的影响上,但这种讨论太多了,显得枯燥无味。不难看出,通过新媒体建立的虚拟社交网络为政治表达和政治动员提供了新的机会。新媒介服务于政治激进主义,新的社会运动利用了新技术——但是那又怎样,谁会不利用新技术呢?

假设你能证明新技术不是"阿拉伯之春"(如果有人还记得那短暂的时刻)或占领华尔街的动力之源,那么迄今为止,新技术对民主的影响就微乎其微。你可以证明,社交网络出现在新技术之前——当然,它确实如此;或者你可以证明,强大的机构使用新媒体达成的效果比资源贫乏的社会群体更好,这也是事实;或者说现在的美国政治几乎没有受到新技术的影响。确实很难看出乔治·W.布什总统或奥巴马总统的伊拉克政策——或者德国、法国、英国、以色列、沙特阿拉伯的伊拉克政策——被新信息技术改变了,事实上,这是如此荒谬的一个观念,以至于据我所知,还没有人认真地提出过。当然,电子邮件时代的通信漏洞让各国政府感到尴尬,21世纪初美军人员在伊拉克阿布格莱布(Abu Ghraib)监狱实施的侵犯人权行为就是一个早期的例子。在这种情况下,技术因素,也就是数码摄影,曾一度令布什政府尴尬,亦成为美国对世界舆论漠不关心的长久象征。但是,对阿布格莱布监狱事件,以及美国(在古巴)关塔那摩湾(Guantánamo Bay)海军基地侵犯人权的回应,都是在常规的国会委员会和法庭上,无论是军事还是民事审判,都延续使用着之前的处理方式,无论它们是通过有线电视还是互联网(向公众公开),这些回应都与技术因素无关。维基解密(WikiLeaks)不仅协助了美国退伍士兵切尔西·曼宁(Chelsea Manning)的大规模泄密,还协助了前中情局(CIA)雇员爱德华·斯诺登(Edward Snowden)的揭秘,这些都对美国外交政策的执行和外交沟通的仔细防范产生了短暂影响,但未能阻止国务卿希拉里·克林顿使用不安全的私人服务器进行保密通信。公众是如何得知克林顿夫人用私人电子邮箱沟通公务的呢?从一个传统新闻机构——《纽约时报》,长期以来,只有它有意愿也有能力投资这种劳动密集型的报道。

如果说有任何一种新的政治被新的通信技术不成比例地激活,那可能是国际恐怖主义,而不是民主。如果没有电子邮件和手机,"基地"组织(Al Qaeda)和后来的伊斯兰国(ISIS)能像如今这样高效运作吗?在没有这些现代通信技术的情况下,分散的游击队怎么能在全球范围内相互协调,招募新成员呢?国际恐怖主义的分散性、全球性和隐秘性使互联网成为一种特别适合它们的媒介,这似乎是有道理的。①

---

① Steve Coll, "Terrorists Turn to the Web as Base of Operations," *Washington Post*, August 7, 2005, p. A-1.

但是，参与式公民的实践是否找到一种新模式，一套激励好公民行为的新模式，一系列新的政治参与形式和类型，以适应一个更加强化了的网络世界呢？这是一个人们可以更容易地在短时间内释放政治信号，更有效地收集有关政治信息，偶尔采取行动，或者说一些诙谐的话给大量受众，而无须与任何人面对面的政治世界。在这个世界上，政治运动可以比以往任何时候都更熟练地筹集资金或测试其口号的有效性吧？恐怖组织和合法的志愿组织可以比以往任何时候都更高效地招募新人吧？个人电脑屏幕上比以往任何时候都更容易出现彻头彻尾的胡说八道吧？

可以肯定的是，一些新事物正在酝酿之中，它们是否能将我们带入一个新时代则是另一回事。电报在新闻收集和传递方面有着相当独特的作用，但它并没有使世界进入新的公民模式。对于无线电广播技术也可以这么说。电视无疑也是如此，尽管电视异乎寻常地改变了人们获取新闻的方式，对今天的美国人来说仍然是一个强大的媒介，对许多人来说，电视也仍是他们的主要新闻来源。但是，公民与政治参与的形式和模式是否发生了根本性的转变呢？

互联网及其各种各样的企业，从 Google 到 Facebook，再到 YouTube，都是所谓的"监督式民主"或"抗衡式民主"（counter-democracy）甚至"选举间民主"（between-electionsdemocracy，即认为选举期不再是民主参与和民主动员的唯一时期)的巨大动力来源。① 尽管数字通信对人类发展、信息交流和公共知识生产的影响,比印刷术出现以来的任何其他技术变革都要大,我仍然认为,这也只是构建可能出现的任何新故事的公民模式的一个"章节"(因素),而不是"故事的全部"。"故事的全部"这个词有些自以为是——它默认存在或将存在一个"整体",并默认它将成为一个连载的"故事"。我认为未来不会只有一个因素起作用——我们不用对此心存遗憾。

---

① "监督式民主"参见 John Keane, *The Life and Death of Democracy* (New York: Simon & Schuster, 2009)。"抗衡式民主"参见 Pierre Rosanvallon, *Counter-Democracy: Politics in an Age of Distrust*, trans. Arthur Goldhammer (Cambridge, UK: Cambridge University Press, 2006)。"选举间民主"参见 Peter Esaiasson and Hanne Marthe Narud, eds., *Between-Election Democracy* (Colchester, UK: ECPR Press, 2013)。

第九章 美国新闻业的多重政治角色

这篇文章最初发表在由布鲁斯·J.舒尔曼（Bruce J. Schulman）和朱利安·E.泽利泽主编的《媒体国家：现代美国新闻的政治史》（Media Nation: The Political History of News in Modern America, 2017）论文集中。本文观点是否与本书所强调的内容矛盾呢？美国新闻业既然扮演了多重的政治角色，又是如何把专业判断置于政治承诺之上，创造了不可估量的价值呢？这不仅不矛盾，而且是可能的。正如本文开宗明义的，即使是致力于专业化的新闻业，在某些情况下，也会为政治的进入留出空间。

美国记者经常宣称自己是站在政治之外的。然而，他们也认为，没有任何机构是比新闻业更重要的民主构件。这并不矛盾。主裁判员或边裁判员总是站在棒球、足球、橄榄球或篮球的赛场之外，然而如果没有他们，比赛就很难或根本不可能进行——如果运动员或观众不相信裁判的基本的公正性和十足的专业水准，比赛一样会很难或根本不可能进行。

但是，"裁判"的这个比喻并不完

全适用于新闻业。在体育比赛中,负责任的裁判从来不会下场参加比赛。负责任的记者有时却会下场。一些专业水平和地位高的记者甚至可能会定期这样做。这些专业人士偶尔会以记者的身份正式或非正式地加入游戏。华盛顿最有声望的记者与政府官员聊天,然后公开他们交流的信息。记者们承认,消息源在采访中提供信息可能是"泄密"(leak),也可能是授权的"局"(plant),还可能就是大卫·波曾(David Pozen)所谓的"泄密局"(Pleak)——处于经授权的"局"和未经授权的"泄密"之间,难以被界定。① 这里的记者不一定在玩官员正在玩的同款游戏——政治,而是在玩自己的游戏——通过公开展示与政府官员的亲密关系,来证明他们的新闻技巧,提升他们的职业地位。这未必是政治,但也未必"不是政治"。

记者们对中立或专业的坚守,我认为,对新闻业和民主来说都有价值。但是,从历史学家或社会科学家的角度来分析的话,记者们表面上的这些声明是没有益处的。在最近的一则新闻中,NBC新闻主播布莱恩·威廉姆斯(Brian Williams)修正了他之前的说法,并为此道歉。他声称自己在乘坐直升机报道伊拉克战争时,曾遭到火箭推进榴弹(Rocket-propelled grenade,RPG)的袭击。军报《星条旗报》(*Stars and Stripes*)迅速纠正了有关报道,称报道中所说的事情从未发生过,这不过是威廉姆斯对

---

① David E. Pozen, "The Leaky Leviathan: Why the Government Condemns and Condones Unlawful Disclosures of Information," *Harvard Law Review* 127 (2013): 513-635.

自己冒险精神和英雄气概的吹嘘。威廉姆斯在道歉中说:"在报道新闻和专注于新闻的职业生涯中,我日益痛苦之处在于,我的所作所为,使我自己太多地成了新闻的一部分。"①这是一种对记者的自我定义、自我保护和自我合法化修辞的尴尬改编,记者应作为中立旁观者"报道"新闻,以区别于成为"新闻的一部分"——一种危险的、被禁止的行为。但事实上,即使"成为新闻的一部分"在职业化的自我宣示中被记者否定,这种行为在实践中却是难以避免的。

我想在本章中提供一些记者声称自己"是个旁观者",却亲自参与了政治活动的案例。这些也是新闻工作的重要内容,但我想提醒读者,这并不意味着专业精神不存在,也不意味着"客观性"是一种明显的虚假意识形态。这意味着,一种靠近政治权力中心的民主生活是非常复杂的,记者们经常同时被贴上多个标签,撇开偶尔充当圣人的时刻,对于记者而言,单纯的动机和行动是不可能的。

我将在这里给出一些主要是1945年以后的例子,从那个时间点往后,美国新闻界中的客观性和专业理想开始起主导作用。如果我们回首19世纪或20世纪初,政治化的新闻业被认为是理所当然的,以至于记者们为表现其政治中立而用力过度,而这种努力其实并不是记者行为的底层逻辑。

本文并非通常意义上的历史叙述。它只进行了简单

---

① 引用自 David Carr, "Retreading Memories, From a Perch Too Public," *New York Times*, February 9, 2015, p. B1.

的罗列,用历史的例子来说明美国新闻界的政治性行为,或者至少在这个民主国家的某些特定时刻新闻界采取的政治性行为。

一、作为党派宣传者或鼓吹者的报刊

有个事实众所周知,明确且重要,也没什么需要补充的内容:几乎所有的日报都有一个社论版,用以鼓吹公共政策,为竞选公职的候选人背书,或者就公共事务发表意见。这些都是由其所在新闻机构的老板批准的,或者至少,不会坚决反对的。

社论版作为一种由来已久的新闻实践,是一种直接劝服而不是新闻报道——其实还是一种政治参与。对于持新闻专业化认识的理论家来说,这种现象总是被忽视,甚至是被回避。《华盛顿邮报》前主编小莱昂纳多·唐尼(Leonard Downie,Jr.我的朋友兼偶尔的合著者)告诉我,作为执行主编,他从来不看他们报纸上的社论版。社论版编辑部和广告部、发行部一样是一个独立的部门,唐尼不希望新闻版在无意中受到社论版宣传立场的影响。

记者们是社论版之外的鼓吹者,但没有与之相同的合法性。而颇有观点的专栏作家却被赋予更大的权力,可以成为一个政党、候选人或政策的鼓吹者,尽管他们不会像过去的约瑟夫·艾尔索普(Joseph Alsop)或沃尔特·李普曼那样用官方立场说话。在过去那个时代,这些绅士们不仅在他们的专栏里倡导政策,还在幕后为总统们出谋划策。李普曼精通政治。1940年,他为共和党总统候选人温德尔·威尔基(Wendell Willkie)提供咨询。也是在1940年,他与英国驻美大使制订了一项计划,以避开孤立主义者的反对,向英国提供援助;同时,他说服了(一战时期的英雄,年过八旬的)约翰·J.潘兴(John J.Pershing)将军,向公众解释美国参战(向英国提供援助)的必要性,并撰写了将军的演讲稿。① 李普曼与罗斯福的一位助手合作起草了后来的《租借法案》。1945年,他还与《纽约时报》记者詹姆斯·雷斯顿(James Reston)合作,说服共和党参议员阿瑟·范登堡(Arthor Vandenberg)放弃其众所周知的孤立主义倾向。他和雷斯顿为范登堡写的演讲稿,在参议院获得极大的赞誉。而在随后公开赞扬范登堡这一讲话的人中,就有雷斯顿。雷斯顿在《纽约时报》上发表了一篇新闻报道,认为这篇讲话是"明智的"并"具有政治家风范"。至于李普曼,他则利用自己的辛迪加专栏对范登堡的转向表示了赞扬。②

二、作为院外游说者的新闻界

美国的新闻机构几乎都是私营企业,它们有时在关键的政府治理行为中获得巨大的商业利益。时不时地,

---

① 本段译文参考了〔美〕罗纳德·斯蒂尔:《李普曼传》,于滨、陈小平、谈锋译,谈锋校译,中信出版社,2008年版,第337—338页。
② 参见 Michael Schudson, "Persistence of Vision: Partisan Journalism in the Mainstream Press," in Carl F. Kaestle and Janice A. Radway, eds., *Print in Motion: A History of the Book in America*, vol. 4 (Chapel Hill: University of North Carolina Press, 2009), pp. 140-151.

新闻界就会为自己的商业利益辩护,例如,在国会作证,或在国会走廊上为邮政费率的优惠进行辩论,或敦促联邦通信委员会(FCC)做出新闻业信服的、对它们私营财务最有利的裁决。

但有时,新闻媒体代表着它们的专业立场,而不唯利是图,这样的区隔,促使新闻专业人士变得更有专业洁癖。在这里,新闻界不是作为企业实体来倡导公共政策,而是作为专业实体。其中最积极的努力不是来自出版商,而是来自职业记者的专业协会。

让我举一个更大范围的例子。《信息自由法》于1966年出台,1974年才有效施行,这始于一位名叫约翰·莫斯(John Moss)的辛勤的加州众议员。1953年,莫斯还是国会议员中的新人,他天真地向公务员委员会(Civil Service Commission)索要因玩忽职守而遭解聘的政府雇员的数据。他不要名字,只要数字。但公务员委员会拒绝了他的要求——"对!公务员委员会拒绝向我们提供有关信息。"莫斯后来回忆说:"这是我第一次遇到一个行政机构拒绝回应立法机构的合法要求……这是一个(立法分支的)新成员对行政分支的傲慢感到有些愤慨的例子。"①个人的愤慨使这个人花了10年时间,在国会中推动集体的行动。这是自1766年瑞典制定信息自由法后两百年以来,第一个争取信息自由的行动。这也是第一个在世界

---

① Interview with John Moss, April 13, 1965, in George R. Berdes, *Friendly Adversaries: The Press and Government* (Milwaukee, WI: Center for the Study of the American Press, College of Journalism, Marquette University, 1969), p. 61.

上产生重大影响的行动,但它没有得到公众的支持,当然也没有得到公众的反对。在国会之外,也没有人太在意它。《信息自由法》不涉及国会、法院或总统,只涉及行政机构。它之所以成为一项要求行政分支承担责任的法律,是国会努力的结果。《信息自由法》如今也经常被记者和历史学家等有关人员引用。

它是怎么通过的呢?当艾森豪威尔、肯尼迪和约翰逊政府都对此意兴阑珊,到最后,每一位在国会作证的行政分支的负责人都反对它时,它是如何通过的呢?它是在新闻界的帮助下通过的,不是通过报道它,而是通过在国会大厅里鼓吹它。

1955年,约翰·莫斯负责的政府信息附属委员会(以下称"莫斯委员会")成立,有组织的新闻团体都为此欢呼。詹姆斯·S.普坡(James S.Pope)在20世纪50年代初曾是美国报纸编辑协会信息自由委员会的成员和主席,他回忆说,莫斯负责的委员会的成立对新闻界的领导者来说,是一个令人欢欣鼓舞的惊喜,"我们真的没想到能这么早就获得这样的政治影响力。这就像得到一支核潜艇舰队"[1]。莫斯委员会的工作人员一开始就与时任美国报纸编辑协会信息自由委员会主席,《华盛顿邮报》的詹姆斯·拉塞尔·威金斯(James Russall Wiggins)进行了磋商;合众社副总裁兼华盛顿分社经理莱尔·C.威尔逊(Lyle C.Wilson),美联社华盛顿分社经理比尔·比尔

---

[1] George P. Kennedy, "Advocates of Openness: The Freedom of Information Movement," PhD dissertation, University of Missouri, 1978, p. 67. (Kennedy relies here on a 1978 letter to him from Pope.)

(Bill Beale),还有十几个记者,都可以为政府压制新闻的具体事例作证。媒体领袖们从一开始就力挺莫斯,莫斯也鼓励他们声援。"我希望你们中的更多人能向附属委员会提出申诉,"莫斯在1957年的一次新闻主管会议上说,"依据'要求',你们有权利获得联邦信息——如果你们的权利被忽视,就将案件提交给附属委员会——你们可以帮助扭转目前联邦政府对信息保密的态度"①。

美国报纸编辑协会成立于1923年,直到二战前这个协会都对政府保密不感兴趣,后来也只把安全保密看作其他国家的问题;他们理所当然地认为,美国人可以而且应该在新闻自由方面指导世界上的其他国家。随着冷战的发展,记者们才开始关注美国国内的新闻自由。

1948年,美国报纸编辑协会成立了第一个信息自由委员会——世界信息自由委员会(the Committeeon World Freedomof Information)。同年,国家新闻荣誉协会——Sigma Delta Chi成立了一个促进信息自由的委员会,它同样关注的是全球,而不是全国。直到1951年,美国报纸编辑协会和Sigma Delta Chi才开始关注美国国内的信息自由问题。②

信息自由运动也在美国各州、各地方以及国家层面逐渐发展起来——也就是说,新闻工作者绝不只专注于

---

① Address to the Upper Midwest News Executives Conference, Minnesota, Minneapolis, May 3, 1957. John E. Moss Papers, Box 427 Folder 3.
② George P. Kennedy, "Advocates of Openness: The Freedom of Information Movement," PhD dissertation, University of Missouri, 1978, pp. 20-30.

国家层面的安全秘密。1952年,《印第安纳州法律杂志》发表了一篇题为《获取官方信息:一个被忽视的宪法权利》的文章,该文开篇即列举了三个例子,其中只有一个是关于国家安全的:新墨西哥州一家报纸记者请求在新墨西哥州白沙试验场见证美国海军火箭试验,该请求被拒绝了。其他无法获取官方信息的例子是关于纽约酒馆卖假酒,联邦征税员在纽约州府奥尔巴尼私下罚款;俄勒冈州教育委员会召开秘密会议,讨论将州立大学的牙科学院与医学院分开。① Sigma Delta Chi、报刊主编协会(Associted Press Managing Editors, AP Managing Editors)、全国报纸编辑协会、全国编辑协会(the National Editorial Association)和各州新闻协会都在促进各州公开会议信息的进程并通过公共档案法。②

新闻业的这种信息自由运动为莫斯提供了一个天然的盟友——他也是这一运动的盟友。有时,"莫斯委员会的工作人员会编写关于新闻组织的新闻自由年度报告——反过来,这些报告又在新闻界被广泛转载,以表示对莫斯委员会的赞赏"③。委员会的调查是在与新闻界主要领导人协商的情况下组织起来的,莫斯雇用前报纸记

---

① 有一个脚注补充说,在芝加哥、伊利诺伊、哥伦比亚、密苏里、丹佛、科罗拉多、罗阿诺克、弗吉尼亚、普罗维登斯、罗德岛、埃文斯维尔、印第安纳州、弗林特、密歇根、巴尔的摩、马里兰和其他地方,学校董事会也禁止公开其会议内容。"Access to Official Information: A Neglected Constitutional Right," *Indiana Law Journal* 27 (1951—2): 209-230.

② Jacob Scher, "Access to Information: Recent Legal Problems," *Journalism Quarterly* 37 (1960): 41-52.

③ Robert O. Blanchard, "A Watchdog in Decline," *Columbia Journalism Review* (Summer 1966): 17-21, at p. 18.

者负责此项工作,其中包括《萨克拉门托蜜蜂报》(Sacramento Bee)的前记者兼行政主管萨姆·阿奇博尔德(Sam Archibald)。莫斯还在全国各地巡回演讲——经常与新闻学校和新闻协会进行交流。记者们也在他的委员会出席作证,并向他提供政府压制新闻的有用案例。①

媒体学者詹姆斯·凯里(1934—2006),在他最后的一篇文章中写道,记者们不得不放弃他们在这一领域的客观性:"(他们)可以独立或客观地对待除民主以外的一切。但是关于民主制度,关于民主生活方式,记者的漠不关心、无党派主义或客观性,是不能被允许的。这是他们必备的一种激情,也是他们新闻实践的基本前提。"②在凯里写下这些话的50年前,不仅在理论上,而且在实践中,美国记者和新闻机构就已经如此行事了。正如凯里所暗示的,美国新闻史上的这一章节,与一般意义上所认为的超然于政治的新闻业是不一致的,它需要被我们纳入视野——思考该如何看待民主中的新闻制度。

三、作为国家安全执行官的编辑

美国记者的行为方式代表了他们对其民族国家的义务和从属关系。当他们拿到的一篇报道可能涉及泄露国

---

① 关于《信息自由法》早期历史的详细阐述,参见 Michael Schudson, *The Rise of the Right to Know: Politics and the Culture of Transparency, 1945 – 1975* (Cambridge, MA: Harvard University Press, 2015)。

② James W. Carey, "A Short History of Journalism for Journalists: A Proposal and Essay," *Harvard International Journal of Press/Politics* 12, no. 1 (2007): 3-16, at p. 13.

家安全机密时,他们通常会在发表之前通知政府,甚至与白宫、国防部或其他相关部门协商报道的内容。1961年,《纽约时报》通过中情局得知美国即将非法入侵古巴猪湾(Bay of Pigs),而后在白宫的强烈要求下主动修改了这篇报道。①

同样的事情也发生在1986年,《华盛顿邮报》得知美国成功地截获了苏联的有线通信信号,这是通过一个代号为"常春藤钟"(Ivy Bells)的秘密水下装置获得的。《华盛顿邮报》还知道,这个行动被泄露是因为国家安全局(National Security Agency, NSA)的低级技术人员杰克·佩尔顿(Jack Pelton)向苏联人出售了情报。《华盛顿邮报》的新闻高管面见了国家安全局局长助理威廉·奥多姆(William Odom)将军,奥多姆告诫他们不要发表任何东西。他认为,任何关于"常春藤钟"的报道都会威胁国家安全,会向苏联透露一些他们本不知道的事情。

但是,执行主编本·布拉德利反对,他觉得佩尔顿已经泄密,苏联人已经知道"常春藤钟"了! 然而,奥多姆将军的回应是,苏联人知道了多少呢? 这可能是苏联内部的秘密,他们可能会隐瞒事实。如果《华盛顿邮报》报道了这则新闻,就可能引起苏联的普遍警觉,给苏联的反间谍措施增加推力。奥多姆的抗议很有说服力,足以让报

---

① Susan E. Tifft and Alex S. Jones, *The Trust* (Boston, MA: Little, Brown, 1999) pp. 311-315. 还可参见 Max Frankel, *The Times of My Life and My Life at The Times* (New York: Random House, 1999), p. 209; John F. Stacks, *Scotty: James B. Reston and the Rise and Fall of American Journalism* (Boston, MA: Little, Brown, 2003), p. 192.

道停摆。稿子写了出来,修改了一稿又一稿,每一稿都比上一稿少了一些具体细节。布拉德利反复问他的同事们:"这个报道的社会目的是什么?"经过几个月的反反复复,《华盛顿邮报》在白宫的反对声中发表了这篇报道。①

2009年《华盛顿邮报》又做出了类似的决定:长期从事调查报道的记者鲍勃·伍德沃德收到斯坦利·麦克里斯特尔(Stanley McChrystal)将军撰写的一份关于阿富汗战争的秘密报告。《华盛顿邮报》就此事知会了五角大楼和白宫。美国国防部长、国家安全事务助理和参谋长联席会议副主席都要求《华盛顿邮报》三思而行。主编鲍伟杰(Marcus Brauchli)后来谈到这一突发事件时自豪地说,在美国的体制下,政府可以要求但不能命令报纸不发表;这个决定权最终在编辑,而不是政府。②

在这些时候,以及其他许多时候,商业新闻机构的编辑自愿承担起国防部长的职责——最终使自己成为公共安全的管理者。

2003年,时任《洛杉矶时报》总编辑的迪恩·巴奎特(Dean Baquet),在成为《纽约时报》执行主编之前,参与了一项决定——是否发表一篇关于阿诺德·施瓦辛格(Arnold Schwarzenegger)的负面报道。当时的施瓦辛格在

---

① Bob Woodward, *Veil: The Secret Wars of the CIA, 1981 - 1987* (New York: Pocket Books, 1988), pp. 516-535.
② Marcus Brauchli, Third Annual Richard S. Salant Lecture, Joan Shorenstein Center on the Press, Politics and Public Policy, Harvard Kennedy School, Cambridge, MA, October 28, 2010, p. 12. At https://shorensteincenter. org/marcus-brauchlidelivers-2010-richard-s-salant-lecture/.

加州州长竞选中遥遥领先。该报收集了多起电影业女性对施瓦辛格性骚扰的可信指控。这篇报道在选举前几天准备就绪,但编辑们犹豫是否应该推迟到选举后再将其发表。这篇报道难道不是突然抛给施瓦辛格的"烫手山芋"吗?这样的时间安排会不会让他很难做出回应?巴奎特后来(选举前《洛杉矶时报》发表了这篇报道之后)告诉记者:"有时人们不明白,'不发表'是一家报纸的重大决定,这几乎是一种政治行为,而不再是新闻行为。如果你没有去履行一份报纸的使命,你就让自己的决策蒙上了阴影。"[1]

巴奎特的声明是新闻专业意识形态的一个具有启示性和代表性的例子:新闻就是新闻,不是政治,它应该坚持自己的角色。新闻业主张的就是信息公开;而为某种理由选择不公开——在巴奎特看来,除非是因为新闻报道质量不行或出版内容可能危及相关人员的生命——那都是失职!

这不是废话,但也不是对记者工作的精准表述。后来,巴奎特先生成为《纽约时报》的执行总编,他肯定会时不时地发现自己和之前的其他执行总编一样——从事的"几乎是一种政治行为",不管发生什么事,都会自觉地把国家安全置于可能引起轩然大波的新闻责任之上。据我所知,没有任何戏剧性和痛苦的新闻时刻能冲击新闻业"局外人"的坚定立场。事实上,据我目前所知,在美国记者讨论新闻业历史或建构自己身份认同的过程中,这些

---

[1] 引自 Rachel Smolkin, "The Women," *American Journalism Review*, December/January 2004。

时刻都不会成为中心议题。他们会觉得不舒服,因为这与记者们喜欢的自我认知有太大的不同。

四、作为政府"局内人"的记者

记者们常常受雇于美国政府。他们的任职会是被任命的,也会是竞选而来的。他们会成为总统的朋友和心腹。当然,记者从政一般会担任新闻秘书和媒体顾问,但也会承担其他公职。总的来说,记者进入政府部门之前,就被灌输了一种专业意识形态,与大多数律师和久经官场的人完全不同,这种专业意识能让他在政府部门工作时时刻心系公众,并能制定出吸引公众的政策。这里我只强调一个例子,就是记者理查德·康伦(Richard Conlon,1930—1988),他是民主党学习团(Democratic Study Group,DSG)——众议院的一个开创性核心小组的主任。正是通过理查德·康伦,新闻业在使国会成为一个更加公开和民主的机构的过程中,才扮演了关键角色。让我在此追述这个故事。

20世纪五六十年代的美国国会是令人震惊的不民主。1953年,约翰·莫斯来到国会时,这里就是不民主的。1965年,来自华盛顿的民主党人汤姆·傅利(Tom Foley)作为一名新人进入国会时,这里仍然不够民主。傅利回忆起农业委员会主席哈罗德·库利(Harold Cooley)等人在委员会第一次会议上对他和其他新成员的讲话:

我烦透了,烦透了听到无论哪个政党的资

深长官讲话时被新手打断。你们这些新手要尤其注意,你们可能得需要些时候才能攒够知识和经验,有所作为,有些人需要几个月,有些人搞不好可能需要几年。在那之前,沉默和专注,沉默和专注是新手的纪律。①

从1959年起,自由民主党人越来越沮丧;尽管他们在民主党中占多数,但是在南方保守委员会主席那里,他们没有任何主动权可言。

按照可追溯到第一届国会的惯例,只有在众议院所谓的"全体委员会"开会时,议员才能对被提交到众议院的法案修正案进行讨论和表决。所有国会议员都是全体委员会的成员,但是全体委员会的法定人数比众议院例行会议所需要的人数要少得多。这就给了全体委员会很大的灵活性。此外,全体委员会中的个人投票一般是没有记录的。通常,投票是通过无记录的"点票员投票"(teller vote)进行的。② 在实际操作中,众议院的每个议员就只须一个接一个地走向一个"点票员"(teller)并说出自己的投票意向即可。只有总票数——这么多年,这么

---

① 引自 Nelson Polsby, *How Congress Evolves* (New York: Oxford University Press, 2004), p. 16。
② 参见 Norman J. Ornstein and David W. Rohde, "The Strategy of Reform: Recorded Teller Voting in the U.S. House of Representatives," paper prepared for 1974 Midwest Political Science Association convention, Chicago, IL, April 25-27, 1974, p. 1; Steven S. Smith, *Call to Order: Floor Politics in the House and Senate* (Washington, DC: Brookings Institution, 1989), p. 256。

多人反对——会成为公共记录的一部分。代表们的投票倾向从不会被公开。

这就意味着，提交至全体委员会但未被通过的法案修正案的投票，将永远对公众屏蔽。也就是说，如果修正案未被通过，选民们永远都不会知道他们的代表是赞成还是反对了关键立法的重要修正案。只有全体委员会通过的修正案经众议院自行决议后，进行最终表决时，才会有公开投票。

1970年，随着《立法重组法》的通过，这种情况发生了变化。该法案向公众公开了全体委员会的审议过程，允许电视报道众议院的审议情况，使委员会投票公开，终结了全体委员会不能记录点票员处投票结果的情况。是什么使这些改革取得成功？在很大程度上是民主党学习团的努力。民主党学习团是美国国会历史上第一个持久的、正式的"核心会议（小组）"，1959年由尤金·麦卡锡（Eugene McCarthy）创建。他先是众议员，后来成为参议员，1968年成为一位反战的总统候选人。

1968年，来自明尼苏达州的记者理查德·康伦成为民主党学习团的全职主管。他很快就把民主党学习团变成一个优秀的研究机构。他坚持这样做的原因是这符合他的新闻价值观——把故事的两面都讲出来，并且为注意力间隔非常短的人，也就是国会议员，写出清晰而有条理的内容。民主党学习团的事实汇总和报告，以及他们对国会投票的研究都包含了精彩的分析、提炼和总结。康伦的工作之所以高效，不仅因为他本人是一个非常有成就的作家，还因为他对别人也要求完美。

1969年,众议院的自由主义者开始进行程序改革,以回应众议员中自由、温和的多数派。民主党学习团特别感兴趣的是如何使国会的工作更加公开可见,特别是让全体委员会的投票向新闻界和公众公开。康伦在民主党学习团执行委员会中呼吁,如果可能,委员会成员应该到处"兜售"自己赞成的程序改革,包括终止不做记录的"点票员表决",将它们总结为即将出台的改革法案中的"反保密修正案"。他认为这个想法会引起新闻媒体的兴趣,据说这个念头本身就是他在与一位记者朋友聊天时产生的。1970年,民主党学习团就保密和无记录点票员表决问题发表了几份简短报告。其中一份报告称保密工作降低了众议院的效率,抑制了新闻界的责任,并否认了公众"在民主社会中有获得信息的权利"。①

民主党学习团决定向一般公众宣传反保密修正案,并认为反保密的话题也会引起记者们的关注。正如康伦事后回忆的:

> 保密只是新闻界的一个神奇按钮。作为一个训练有素的记者,我当然知道什么内容会使我在报道时欲罢不能。我也知道一位社论编辑,尤其是坐在办公桌后面的那位,需要整日心

---

① Democratic Study Group, "Secrecy in the House of Representatives," June 24, 1970, p. 7. Democratic Study Group (DSG) Papers, Library of Congress, Box 1-4, Folder 7. 关于《立法重组法》的通过和民主党学习团在其中的作用的详情,参见 Schudson, *Rise of the Right to Know*。

烦意乱待在屋里,还得处理那些违反政府保密规定的烂事儿。这是一个神奇的按钮,能引发一大串连锁反应。①

民主党学习团主席唐纳德·弗雷泽(Donald Fraser)给各报社的社论版编辑和专栏作家写了几百封信,得到了密苏里信息自由中心(Missouri's Freedom of Information Center)的支持,该中心联系了 770 家报纸和数百家电台、电视台,以支持这项修正案。

民主党学习团的努力在全国各地报纸的社论版和评论专栏中引起了反响。新闻界认为,这个故事的难以拒绝之处不仅在其反保密措施的主张,更在于它所蕴含的一种令人津津乐道的讽刺意味,即决定是否能揭开全体委员会未记录投票的"面罩",将通过全体委员会的一次未记录投票来进行表决。一篇又一篇的社论或专栏都以嘲讽这件事为乐。新闻界支持国会的这项重要但不透明的改革,同时又嘲笑了国会。② 如此之多的报刊都注意到这其中的讽刺意味,这当然不是偶然的——是民主党学习团自己将它透露给新闻界的,在唐纳德·弗雷泽于 1970 年 6 月 30 日写给"亲爱的编辑"的信中。③

民主既是政府对公众的指引,也会引领政府走向公

---

① Richard Conlon, interview July 5, 1974。采访康伦的文稿是一份副本,收录于 the DSG Papers, Part II, Box 2, Folder 13。文稿中并未注明是谁采访的康伦,也未注明采访目的。
② 更多新闻剪报请参见 DSG Papers, II-129, Folder 2。
③ DSG Papers, Box I-4, Folder 7, "Special Report: Secrecy in the House of Representatives," June 24, 1970。

众。在引领政府走向公众的过程中,政府内部的记者们发挥了独特的作用。

五、作为议程倡导组织的新闻业①

党派宣传在印刷、电子或数字新闻中有着悠久的历史。随着新闻业在20世纪逐渐变得专业化,新闻专栏公开展示的党派性内容越来越少,但是,新闻工作者有时还是会自觉地关注特定的公共议题。

有些公共议题显而易见,并得到广泛关注。新闻媒体整体上承担着"看门狗"的角色。新闻媒体不仅报道政府官员的言行,还报道官员们的承诺——他们是否兑现承诺,报道他们宣誓自己将担负的责任——官员们是否履行誓言。学术研究提供的大量证据表明,当媒体对政客进行了充分的报道时,政客会对公众的需求作出更积极的反应。一项特别令人信服的研究表明,在印度,不同地方应对粮食短缺的方式和效率可以非常不同:媒体充足活跃的地方,政客的反应就比媒体匮乏或"躺平"的地方更为迅速。②

如果新闻界常规的"公众卫士"(public guardian)角色备受关注,那么由个别记者或编辑关注的特定主题的

---

① 关于新闻业作为议程倡导组织产生的政治影响,感谢萨姆·莱博维奇(Sam Lebovic)和尼古拉斯·莱曼(Nicholas Lemann)的洞见。
② Timothy Besley and Robin Burgess, "Political Agency, Government Responsiveness and the Role of the Press," *European Economic Review* 45 (2001): 629-640.

新闻就会被忽视。很难否认,当今美国主流新闻机构"应该"报道同性婚姻议题——作为一个合法的公共争议,这个议题已经被一个又一个州提了出来。但是,在最近的公众记忆中,这个议题过于敏感,连许多自由民主党人都无法接受(巴拉克·奥巴马在2008年的总统竞选中发现这个问题过于热门以至于难以处理),到什么时候它才能成为主流新闻关注的常规议题呢?

1970年,《纽约时报》记者菲利普·沙贝科夫(Philip Shabecoff)刚被派往华盛顿分社,就要求全职从事"环境"报道。他的编辑拒绝了他的要求。当他偶尔做了一个与环境有关的报道时,他回忆说,他得到的普遍反应是——"啥?又一个关于世界末日的故事,沙贝科夫?一个月前,我们刚刚报道过一个关于世界末日的故事。"[1]是沙贝科夫拥有比他的编辑更好的新闻判断吗?抑或是他将个人或政治判断置于新闻意识之前了?抑或是他的编辑有些麻木不仁呢?——对一家好报纸来说,需要重新思考重大公共政策议题的排序问题了。这是由于报纸的新闻意识比个人的更政治化吗?对一个新闻机构来说,应该走在公共舆论或华盛顿官方舆论前面多远,才算合适?它又能落后于一般意见多久,其后果才是可以承担的?这些问题没有答案,我们只须认识到这些决定不是在什么新闻界的象牙塔中做出的,而是在一个必然涉及政治判断的现实世界中产生的。

---

[1] Philip Shabecoff, "The Environment Beat's Rocky Terrain," *Nieman Reports*, December 15, 2002. At http://niemanreports.org/articles/the-environment-beats-rocky-terrain.

六、作为促进政治文化形成媒介的新闻业

(一)新闻业作为一种政治传播的媒介

到目前为止,我已经讨论了具体的记者、编辑以及记者编辑组织做出政治选择和政治判断的方式。新闻业也以一种更为整体的方式扮演着一种政治角色,塑造、构成、协调和合法化特定的政治行为及特定的政治思想。坦率地讲,如果我们能回看一下20世纪60年代到20世纪末发生于新闻业和美国公共文化中的变化,就有可能明白这一点。

想想史蒂文·克莱曼和他的同事们对总统新闻发布会的出色研究,以及1953—2000年记者提问的变化(即提问的攻击性明显增强)。最大的变化发生在20世纪60年代后期。虽然态度坚定的提问的数量在20世纪八九十年代有起有伏,但从未像20世纪五六十年代初那么少。克莱曼和他的同事们总结道:"大约在20世纪60年代后期,华盛顿新闻业的调门开始改变。越来越多的研究集中描绘一种日益激烈的,对政府官员、政治候选人及其政策的某些方面的对立态度。"[①]记者们自己非常强调"水门事件"(1972—1974年)是一个转折点,以至于他们

---

① Steven Clayman, Marc Elliott, John Heritage, and Megan Beckett, "A Watershed in White House Journalism: Explaining the Post-1968 Rise of Aggressive Presidential News," *Political Communication* 27 (2010): 229-247, at p. 229.

有时忘记了新闻文化的巨大变化始于"水门事件"之前，他们很少承认情境式新闻的发展，本章稍后会解释这个概念——代表着新闻性质的一个更大的变化，其概念也不同于被努力改良后的调查性报道。

今天，基本上没有人为 20 世纪 50 年代的新闻业辩护。记者保罗·杜克（Paul Duke）记得，二战后华盛顿新闻界"相当疲软"，而且"报道内容多来自宣传材料和例行新闻简报"。① 正如政治学家拉里·萨巴托（Larry Sabato）观察到的，记者和政客一直是"老伙计"。② 然而，1959 年，资深记者道格拉斯·卡特（Douglass Cater）批评了"客观""直接"的报道，认为客观性是一个"过时的概念"③。他敦促记者自由地"为报道增加一个额外的维度，即具有解释性而不是编辑性的新闻"④。

新闻业确实朝着卡特倡导的"附加维度"的方向发展了。凯瑟琳·芬克和我探究了我们称之为情境式报道的历史沿革。我们查阅了 1955 年、1967 年、1979 年、1991 年和 2003 年 5 个年份的《纽约时报》《华盛顿邮报》和《密尔沃基日报》(*Milwaukee Journal*)，每年抽取两周的头版新闻作为研究对象。情境式报道——包括解释性报道

---

① Larry Sabato, *Feeding Frenzy: How Attack Journalism Has Transformed American Politics* (New York: Free Press, 1983), p. 31.
② Larry Sabato, *Feeding Frenzy: How Attack Journalism Has Transformed American Politics* (New York: Free Press, 1983), p. 31.
③ Douglass Cater, *The Fourth Branch of Government* (Boston, MA: Houghton Mifflin, 1959), p. 107.
④ Douglass Cater, *The Fourth Branch of Government* (Boston, MA: Houghton Mifflin, 1959), p. 111.

和更多的内容的大类——几乎没有出现在1955年的样本中:它在头版新闻中只占8%。到了1991年,它占所有三家报纸头版研究样本的一半。因此,现如今对新闻媒体被"他说她说"的故事主导——仿佛故事在自说自话的诟病,并不是对美国主流报纸的有效批评,几十年来的美国报纸都不是这样的。①

导致这种变化的原因是什么呢?克莱曼试图解释记者在总统新闻发布会上使用更多更具批判性和咄咄逼人的提问方式的原因,他把这一现象与新闻业文化、规范以及价值观的变化联系起来②。当我们认识到,即使没有越战和"水门事件",欧洲新闻业几乎也在同一时间朝着同一方向发展时,克莱曼观点的可信度就提高了。③

克莱曼的研究结论是,新闻编辑部的文化改变是关键。但文化又为什么改变呢?我的直觉认为,很大程度上是因为越来越多受过大学教育的记者走上了新闻工作岗位;同时,大学教育也日益成了一种批判性的思维教育。学术文化本身采用了更多的"对抗性"——与其说是政治上的对抗,不如说是智力上的对抗。人文学科的课程要求学生学会"批判性阅读",而不是简单地吸收公认

---

① Katherine Fink and Michael Schudson, "The Rise of Contextual Journalism, 1950s—2000s," *Journalism*: *Theory*, *Practice*, *Criticism* 15, no. 1 (January 2014): 3-20.

② Clayman, et. al. "A Watershed in White House Journalism," pp. 242-244.

③ Frank Esser and Andrea Umbricht, "The Evolution of Objective and Interpretative Journalism in the Western Press: Comparing Six News Systems Since the 1960s," *Journalism and Mass Communication Quarterly* 9, no. 2 (2014): 229-249.

的高雅的文化经典。在科学和社会科学领域,大学越来越多地鼓励学生不要死记硬背,而要把自己想象成一个初出茅庐的学者,通过批判性学习范本中的假设、方法或推理,以进入一个更高层次的洞察境界。这在研究型大学和小型博雅学院(liberal arts colleges)尤其如此,它们具有同样的批判思想,并鼓励学生继续接受研究生教育。

历史学家们还没有将自己的故事——高等教育的故事——整合到现代美国社会更广阔的历史语境中。像记者们一样,学者们也开始相信自己的公关文献——是"旁观者清"的(因为其中充满了"对抗性")。他们——也是我们——一想到这个世界中属于自己的角落确实发生了变化,就不会再有安全感。

(二)新闻业作为一种将语言转化为行动的社会"环境"

我一直在苦苦思索林顿·基思·考德威尔(Lynton Keith Caldwell)1963 年发表于《公共管理评论》(*Public Administration Review*)的论文《环境:公共政策的新焦点?》(Environment: A New Focus for Public Policy?)。在不足 10 页的篇幅里,印第安纳大学的政治学家考德威尔提出,环境应该是公共政策的焦点。让我困惑的是,它受到大范围的好评,直到今天还广受赞誉,去年面世了一部考德威尔的传记,他的学生也收集了他的论文并在多年后出版了一本名为《环境,作为公共政策的焦点》(*Environment as a Focus for Public Policy*)的论文集,学术界也没有提出任何非议。

我的困惑是,在我看来,它不是一篇很好的论文。这篇文章文字平淡,而且没有详细论证。当它为这个新的"焦点"议题命名时,它没有将其命名为"环境政策"或"环境研究",甚至不是"生态学",而是"城市规划学"(ekistics),不用说,这并没有说到点子上。说到点子上的是(当然不只有考德威尔一个人说到点子上了)这篇文章标题的第一个词——"环境"。理所当然,它成了一种新观念的口号,并在1969年《时代》杂志创立的一个新部门"环境(报道部)"(The Environment)中被制度化。事实上,这个词作为公众观念的一部分,在1963年之前根本不存在,它是如何出现的呢?

现在,也许这已不再重要。也许"保护"是一个非常合适的词。但"保护"是人们对自然界可能采取的一种行动;"环境"是自然界本身。因此,在某种程度上,"环境"把焦点从人类的能动性转移到人类赖以生存的环境中:因为环境本身就具有能动性,它有自己的要求,有自己的弱点,如果人类不给予它支持,它就会给人类带来报应。"保护"一词,让人类看起来很强大,而我们周围的世界却很弱小;"环境"一词,让人类被置于本应所处的位置上。

这有区别吗?我认为有,只是我不能确切说明如何区别。但我们知道,词语重要,流行短语重要,规范重要,语言也重要——语言以这样而不是那样的方式刻画世界。还有新闻工作者们,作为我们最主要的文化基因制造者,他们也很重要。不过,语言学家查尔斯·霍克特(Charles Hockett)不认为语言决定了人类怎么想和想什么。相反,他认为,"语言之异不在于内容,而在于简洁"

(Languages differ not in what can be said in them, but rather as to what it is relatively easy to say in them)[①]。这是我在社会科学领域的文献中读到的最好的句子之一,它可以用来思考新闻业在社会中的微妙作用。记者们从事的是了解何种方式可以有效沟通的行当。这使他们参与了公共政治事务。但他们不是唯一的参与者。其他从事同一性质工作的还有总统演讲稿的写手、总统竞选团队中的广告主管和媒体顾问、类型电影和纪录片的导演、深夜电视节目的串场词和独白写作者、政治讽刺或政治民调的制作人,还有其他平台的参与者,他们的工作是非凡的,他们要将复杂的内容简单化,将平淡的事物变得令人难忘,化腐朽为神奇。但是,记者们离整个政治语言机制的源头更近,且往往是他们提供了最后形成政治语言的"基础语言"。

记者都会贴"政治标签"。他们有时会公开这些"标签"(在社论版或评论专栏中,或将政治目的作为宣传出版物的主要传播目的);有时,在极端情况下,他们会觉得这样做不妥(与政府协商后,记者会向公众隐瞒信息以保护国家安全);有时,作为"局内人"或与"局内人"亲近的人,他们不愿意讨论有关事宜(也许在回忆录中除外);有时,在日常报道中,记者为了适应不断变化的社会规范和价值观,为了提供公正、周全的引领作用,就需要落后公共舆论一步,或领先公共舆论一步。

---

① Charles Hockett, "Chinese vs. English: An Exploration of the Whorfian Hypothesis," in Harry Hoijer, ed., *Language in Culture* (Chicago: University of Chicago Press, 1954) p. 122.

认识这一切，并不意味着辨明它的好坏，而是为了直接、简单地承认它。承认新闻业运作方式的这一长期而持续的特征，可能会为我们提供一个更好的基础，以分辨哪类政治新闻，或哪些为情势所左右的政治新闻，对我们来说是可取的、必要的，或是需要批判并改善的。

第十章 作为一种『慢政府』运行模式的民主

本章源起于2017年3月在耶路撒冷（Jerusalem）召开的一次会议，参会人员为媒体学者、政治学家和其他人士。这篇演讲稿不是一个片段，而是一篇成品，我认为应该把它收录在一本关于"新闻业在民主中的地位"的书中，以进一步探究这个主题中"民主"的一面。正如我在导论和第八章中指出的那样，民主不仅需要参与政治的大众的拥戴，还必须是由制度决定的。民主的标志性特征包括协商、审议和修正，因此，一个民主国家应该鼓励其公民不仅要参与，而且要对民主政治进程中不可避免的缓慢保持耐心。

1986年，麦当劳计划在罗马（天主教三一教堂前的）西班牙阶梯（Spanish Steps）景区开业。但这并没有成为现实，麦当劳的扩张因公开的抗议活动而被叫停。正是在这些抗议活动中，卡洛·佩里尼（Carlo Perini）发起了影响世界的慢食运动（Slow Food movement）。2014年，一位英国社会学家发表了一篇主题为"慢大学"（The Slow University）的严肃文章。

两年后，两位加拿大教授出版了一本引起广泛评议的书，提出了"慢教授"（The Slow Professor）的概念。还有人倡导慢速交通。这些所谓的慢时尚就是倡导手工生产而不是大规模机械化生产，尽管这需要花更多的时间。无论如何，都有人坚持认为"慢工出细活"。慢，比快更有益。

直到18世纪美国重新建立共和政体之后很久，"慢政府"才开始出现，并受到鼓吹，但政府行政的缓慢，很快就遭到攻击。从来没有出现过对独裁政府或专治政府运作太慢的批判。这两种政府只要策划一场政变，控制军队，接管主要广播电台，拘留、处决或流放一些遭到罢黜的最高领导人，然后继续干他们的事。瞧！这就叫统治。

与之相反，民主是一个缓慢的过程。民主国家的人民必须学会以文明的方式参与政治；他们必须明白，文明需要对过程本身的缓慢有耐心。慢政府主张决策需要参与，就像慢食运动主张料理的过程决定了最后的美味一样。

有多种方式可以用于思考民主与时间的关系。例如，丹尼斯·汤普森（Dennis Thompson）就曾提出，民主国家的公民比其他人更倾向于珍惜现在而不是关注未来："民主偏向于现在。大多数公民倾向于忽视未来，且从民主程序对公民要求作出的回应来看，其制定的法律往往忽视了未来的几代人。"汤普森指出，这种"现世主义"有一些优点："与其他形式的政府相比，民主政府不会倾向于为了遥远的未来目标而牺牲如今的公民或整整一代人"，并且他将其与"乌托邦式的理想主义者、宗教狂热分子或者激进的革命者相比较，这些人呼吁他们这一代人应该为人类更加美好的未来做出巨大的牺牲"。① 另外,民主政府关心"实际公民",要求实际统治者对"实际公民"负责。但"现世主义"也有不足,因为它忽视了当前政策的长期不利之处,例如,长期的环境风险或长期的人口增长会导致子孙后代没有足够的必要资源。

这里我感兴趣的是公民对政府运作节奏的评估。民主政府运作究竟是快还是慢?究竟是太快还是太慢?民主国家的公民是否有足够的耐心来等待协商所需要的时间?他们愿意停下来交谈、思考、批评吗?还是,像家长经常批评孩子们的那样,他们嫌民主太磨蹭呢?我想说的是,正如民主的倡导者和批评者都同意的,民主经常以乌龟的速度运行。这对我们来说可能是好事,也可能是坏事,或者好坏参半,但民主的慢速行进在任何情况下都是必要的。这里,我想谈谈民主在时间节奏上的四个特点:

- 政治社会化需要时间;
- 选举需要时间;
- 协商需要时间;
- 理性比激情更需要时间;理性产生于制度,而不是个人思想。

---

① Dennis F. Thompson, "Representing Future Generations: Political Presentism and Democratic Trusteeship," *Critical Review of International Social and Political Philosophy* 13, no. 1 (March 2010): 17-37, at p. 17.

一、政治社会化需要时间

民主期待大部分人民参与引导国家的决策。在美国,人民通常不会自己决策,但是会定期投票选出代表进行决策,至少代表会选出或者可能会留意那些在政府行政部门进行决策的人。如果事情进展顺利,人们会觉得政府与他们休戚与共。他们会觉得那些当选的公民代表是合法选举出来的,公民代表将有效地从选民的观点、价值和利益出发,进行决策。

政治社会化需要多长时间?学习成为一名民主公民需要多少时间?没有一本手册可以指导那些生来就是美国公民,也会作为美国公民成长的人们。他们上公立学校,参加国家节日的庆祝活动,通过潜移默化或明确指导,了解政体如何运作和它所推崇的价值观的底层逻辑。而对于希望成为美国公民的移民来说,(在美国)实际上的确有一本相关手册——一本关于美国公民身份的入门书,他们还需要通过一场衡量他们是否具备成为美国公民身份所需要的能力的考试。

如果一个人已经掌握了足够的英语语言技能,那么在美国通过公民考试并不难,但通过这个考试,是否就意味着他对美国政治制度有了中等或中上水平的了解呢?了解美国民主政治制度,不是一朝一夕的事。这就好像要求一群不是打棒球长大的大学生,和另一队从小就在打棒球的球员比赛一样——新手会输。即使读过游戏手册,他们也不知道游戏的要点,他们不知道如何调动肌肉投球、击球、接球或投掷。

关于时间的快或慢,以下观念必须成为公民语汇的一部分:

首先,美国民主公民应该认识到,任何已经做出的决定,都有可能通过合法手段被推翻、修改、修正、上诉或废止。

第二,美国民主公民应该知道,一旦他们选出了一名代表,他们就应该尊重这位代表,但同时应该保持怀疑态度。他们应该保有一种能促进民主的怀疑——权力导致腐败,绝对的权力导致绝对的腐败。

第三,美国民主公民应该知道,对于清除腐败和过分的狭隘,代议政府比人民自有的政府更好,即使后者在实践中是可信的。对人民来说,保持对代表的怀疑,甚至是对他们自己投票选出的代表保持怀疑,要比让人民挑战自身的刚愎自用——自认为自己具有内在智慧或合法性——容易得多。人们知道,个别代表可能会犯错,也可能不以公共利益为目标;一般公众也可能不会把公共利益考虑在内,而只考虑多数派的利益,或者是当下的利益,或者是在忽视后代利益的情况下,只考虑那些似乎能立竿见影的政策。在这方面,政治理论家乔治·卡特博(George Kateb)有一个著名观点:代议制民主在道德上是独特的,在许多方面,它在道德上比直接民主更可取,而且它也不是一个退而求其次的体系,仅仅由于不便让所有成年公民时时刻刻参与政府决策。①

代议制民主最强大的特点不是授权人民直接选举领导人，而是鼓励他们坚持对被选举者持怀疑态度。代议制民主通过官员有限的任期和限制任期届数来做到这一点。在一些代议制民主国家，它们也通过"制衡"来做到这一点，以便政府的一个分支可以制止另一分支轻率或急功近利的行为。部分代议制民主国家甚至用法治来约束总统和首相。公众如何对官员问责是民主国家的一个核心问题，也是一个复杂的问题。扩充杰瑞·玛索（Jerry Mashaw）对问责制的分析，我认为有以下四种问责制：(1)通过选举进行政治问责；(2)通过政府内部审计、调查和检查的机构或程序进行管理问责；(3)通过司法审查进行法律问责；(4)通过公民社会的组织和机构、新闻媒体以及民意调查进行舆论问责或社会问责。②

二、选举需要时间

在选举中，候选人和政党需要时间向投票公众展示自己。这可能是一段很长的时间，因为候选人在最后一

---

① George Kateb, "The Moral Distinctiveness of Representative Democracy," in Kateb, *The Inner Ocean: Individualism and Democratic Culture* (Ithaca, NY: Cornell University Press, 1992), pp. 36-56.

② 杰瑞·玛索辨析了政治问责、管理问责和法律问责，我在他的基础上增加了对舆论和社会问责的讨论。参见 Jerry L. Mashaw, "Bureaucracy, Democracy, and Judicial Review," in Robert F. Durant, ed. *Oxford Handbook of American Bureaucracy* (Oxford: Oxford University Press, 2010), pp. 569-589.

次选举结束后的第二天就可以开始谋求下次选举的职位了。但是多长时间才是"恰当的"呢？什么时候选举季会发展得太快或太慢？近几十年来，美国的总统竞选持续时间从281天到596天不等。有些国家会觉得这段时间长得让人难以忍受，有证据表明，在漫长的美国选举过程中，大多数选民通常直到竞选活动的最后两三个星期才会关注竞选活动。根据各国法律，墨西哥将竞选活动限制在147天之内。日本选举法将竞选活动限制在12天之内。加拿大没有限制一场竞选活动时间的法律，但最长的活动时长也只有78天。①

三、协商需要时间，即使在民主国家也难以避免

一种充分参与、充分协商和充分负责的民主从未存在过。但从18世纪代议制民主开始发展到现在，出现了一些与之相近并取得成功的民主制度，在某些时候它们发展得甚至比今天任何时候都要好。美国的管理问责制度始于1935年的《联邦登记法》(Federal Register)、1946年的《行政程序法》(Administrative Procedure Act)和1966年的《信息自由法》。随着1970年《国家环境政策法》(National Environmental Policy Act)的颁布，管理问

---

① Danielle Kurtzleben, "Canada Reminds Us That American Elections Are Much Longer," National Public Radio, October 21, 2015. At https://www.npr.org/sections/itsallpolitics/2015/10/21/450238156/canadas-11-week-campaign-reminds-us-that american-elections-are-much-longer.

责制又得到进一步发展。该法案建立了世界上第一个环境影响评估体系,要求政府机构在自行推进可能对环境产生负面影响的项目之前,必须发布环境影响评估报告(environmental impact statements,EIS)。2011 年,联邦政府发布了 442 份环境影响报告,每一份都要公开征求公众意见 45 天。2011 年的每一天都有 30—60 份公开的环境影响评估报告在征询公众意见。① 1978 年,随着《总监察长法》的颁布,以及新闻机构内部调查性报道的增长和制度化,管理问责制进一步得到发展。② 然而,即使是在最好、最负责任的民主国家,也会时不时地出现这样的共识:为了公共利益,必须用保密取代公开;为了国家的生存,必须减少对政府的制衡。在这种情况下,究竟如何决策就很难说了。

当然,在有些情形下国家需要做出迅速而集中的决策。一般而言,我们称之为"紧急状态"。战争是最常见的例子。"独裁者"这个词来自罗马共和国——它是由元老院任命的在紧急状态下执政官员的头衔。在那时,这个词还没有任何负面含义。事实上,罗马共和国经常任命独裁者,对于那些只熟悉"独裁者"一词现代的、完全消极含义的人来说,罗马共和国的独裁者具有令人诧异的

---

① Erica Morrell,"Public Comment Periods and Federal Environmental Impact Statements: Potentials and Pitfalls from the American Experience," *Michigan Journal of Sustainability* 1 (Fall 2013): 93-108, at p. 94.
② Nadia Hilliard, *The Accountability State: US Federal Inspectors General and the Pursuit of Democratic Integrity* (Lawrence: University Press of Kansas, 2017).

特点，他们只统治一段特殊的、有限的时期，然后就必须把权力交还给元老院。

民主国家的一个最大的困境就是在紧急状态下如何运行，或者说，政府如何能为做出快速决策提供一项额外保险——在没有时间或耐心进行协商和辩论，更没有做出良好决策所必需的各种审查和校正的情况下。不必惊讶，在美国，1976年的《国家紧急状态法》(National Emergencies Act)并不是为了让总统能随时宣布国家进入紧急状态而制定的规则：它正式确立了国会限制总统宣布紧急状态的权力。如果民主国家需要与平常一样的时间来进行参与、评论、通知和听证等程序，那么它们就不能足够迅速地采取行动。因此，必须有废除民主的民主机制。民主政府必须有负责任的方式来坚持向公众宣布，非民主的统治可能会出现，也可能会被取消。

四、发出理性之声需要时间

有一个关于美国开国元勋的老故事，虽不一定可信，但仍值得我们重述。故事是这样的：

> 美国宪法制定完成后，驻法国大使托马斯·杰斐逊回国，他认为乔治·华盛顿不应该同意设立第二个立法院——参议院。
>
> "参议院有什么用呢？"杰斐逊站在壁炉前，手里拿着一杯茶，问道。在等待华盛顿的回答时，他将一些热的茶水倒入茶托，旋转了一下，

然后再倒回茶杯里。

华盛顿观察着他,说:"你已经回答了自己的问题。"

"什么意思?"杰斐逊问道。

"你为什么把茶水倒进茶托里?"

"让它凉一凉。"杰斐逊说。

"就是这样,"华盛顿说,"这就是我们创建参议院的原因。参议院就是我们用来让立法凉一凉的茶托。"

这也正是麦迪逊的态度。"参议院的作用,"他写道,"就在于它的运行过程比普通分支更冷静、更系统、更有智慧。"① 他在《联邦党人文集》第63节中写道,参议院是"防止人民自己由于一时的谬误而举措失当"的一种机构,某些个别时刻,"或为某种不正当情感及不法利益所左右,或为某些私心太重的人狡诈歪曲所哄骗,人民也可能一时主张采取一些措施,而事后则极为悔恨并谴责自身"。② 对雅典的缔造者来说,雅典人民可能会受制于"自身激情的暴政"③。建国者们的理想模式不是雅典,而是罗马。麦迪逊指出,没有元老院(参议院)就没有长久的

---

① James Madison, Debates, June 7, 1787. At http://avalon.law.yale.edu/18th_century/debates_607.asp.

② 本段关于《联邦党人文集》的内容翻译直接转引自〔美〕汉密尔顿、杰伊、麦迪逊:《联邦党人文集》,程逢如、在汉、舒逊译,商务印书馆1989年版,第321页。——译者注

③ The Federalist Papers: No. 63. At http://avalon.law.yale.edu/18th_century/fed63.asp.

共和国。

无论是个人还是机构,都在通过放慢速度来改善决策。决策者们决定"先睡一觉",等到第二天再做艰难的决定。他们像在购买汽车这样的高档产品时一样寻求"买家后悔"(buyer's remorse,无理由退货)的合同款项。如果他们在短时间内反悔,他们希望能够不受损失。他们认识到,如果让自己的冲动压倒理性,就会危及自己的幸福。

结论:慢民主的危险

奥巴马总统在其任期的最后几天表达了对未来的担忧:"在我们的政治中,我担心的是,人民会对民主的缓慢进程失去耐心,国会工作效率越低,人们就越有可能放弃那些核心价值和基本制度,而它们曾帮助我们躲过许多暴风骤雨。"他说,他将一如既往地怀着"真正进步的政治信念"离开白宫,"但在涉及我们制度的问题上,我将更加保守。我在世界各地看过太多彻底革命或剧变的后果,它们并不尽如人意"。[1]

在美国,民主充其量不过是在被推行,美国政府少有对民主的明确界定。我们已经讨论过公民权制度,它邀请并期待公民的充分参与,将民主寄托于个体,也通过个体的声音来识别民主;我们讨论过协商,在人际交往和对

---

[1] Cristiano Lima, "Obama Warns Against Impatience with 'Slowness of Democracy'", *Politico*, December 10, 2016. At politico.com/story/2016/12/Obama-democracy-232462.

话中确立民主;我们把民主认同与知情公民联系在一起,内置于个人理性地选择公民代表或政策,或二者兼有的过程中。但是,如果受到压力,很少有人会接受公民权、协商以及知情公民是民主这一良好治理形式的充分组成部分。根本问题在于我们缺乏一个有组织且可靠的途径,来质疑多数人的意愿(他们可能会支持压迫少数人)、立法机构或总统的权威。政治理论家乔治·卡特博所谓的"对政治权威激情的矫正"是代议制民主的核心特征,这个特征也使代议制民主具有了"道德特殊性"。在这个民主制度内,被选举人所拥有的权威是严格的短期权威,这是因为他们必须面对下次参与大选的代表;因为会有不止一个合法政党参与选举竞争;还因为基于法治,代表和其他公民一样会受到限制,而且这些限制是通过成文的或不成文的宪法条文强力要求的。[1]

如果我们将民主降格为大众参与选举,那么就意味着我们没有认识到在选举间隔期对权力问责的重要性。权力问责的重要性不仅体现在选举期间,还体现在公民在退出公共生活和政治生活之后仍不会丧失维持良好生活必要性的尊严感。在我们的新闻化的社会中,新闻和新闻更新一直伴随着我们,只要我们带着智能手机或身处 CNN 全天候滚动新闻播报的屏幕范围内,人们就应该提醒自己,关闭或离开新闻并不是什么"恶行"。《纽约时报》商业专栏作家法哈德·曼珠(Farhad Manjoo)在 2018

---

[1] George Kateb, "The Moral Distinctiveness of Representative Democracy," in Kateb, *The Inner Ocean* (Ithaca, NY: Cornell University Press, 1992), pp. 36-56, at pp. 37, 40-41.

年初用一系列文章讲述了他的思考。1个月中,为了更好地了解时事,除了投递到他家的3份日报以及《经济学人》(The Economist)、播客和书籍,他不再看任何来源的新闻。这些新闻对大多数人来说可能还是太多了,但对一名在职记者来说,这已经是一种"减肥餐"。曼珠咒语般的建议是:"获取新闻。不必太快。避免社交。"①

曼珠指出,他认为自己减少新闻瘾的努力,使他成了一个更专注的丈夫和父亲。安德鲁·沙利文(Andrew Sullivan)拓宽了这一观点:

> 在稳定的民主体制下,自由社会的一个伟大成就是,许多人在很多时候根本不需要考虑政治。一个自由国家的总统可能会在许多天内的新闻播报中"霸屏"——但他不是无所不在的——因为我们生活在法治之下,我们有时可以不看新闻。一个自由的社会意味着可以摆脱那些统治你的人——去做你关心的事情,专注于你的激情、你的消遣、你的爱好——在那个不受政治干预的幸福空间里尽情享受人生。②

我们在世界各地看到的民粹主义浪潮,不仅仅是公

---

① Farhad Manjoo, "Yesterday's News Today: Deep, Informed, Accurate and Inky," *New York Times*, March 7, 2018. The story can be found online at https://www.nytimes.com/2018/03/07/technology/two-months-news-newspapers.html.
② 参见 http://nymag.com/daily/intelligencer/2017/02/andrew-sullivan-the-madness-of-king-donald.html。

民面对经济困境时愤怒、怨恨和失望的结果,还因为——我们对国家安全缺乏信心,国家会受到像欧盟这样的跨国实体的威胁;在恐怖主义盛行的时候,人们为寻求安全感,在漏洞百出的国境线上修建高墙;受"旅行"和旅游业的全球化影响,病毒和传染病在全球蔓延;全球传播的虚拟病毒会攻击计算机系统;或者会发生政治和军事冲突,导致相关国家的边境上有大规模流离失所的难民。

这些都是实实在在的问题。而且,在它们之上,与大众心理学相当的政治理论对民粹主义做出了杰出的理论阐释。这就是一种重复谄媚的说辞,选举日的社论、教科书上的公民课以及总统对其政治职责的虔诚,唤起了"公民参与""参与式民主"等神奇术语,在美利坚合众国,"草根"一词也拥有护身符般的力量,它们都是被高度褒扬和可靠性的象征。在美国,公民教育已经成为一种鼓励人们参与公共生活的道德集会。但在一个民主国家,什么样的参与才是合法的呢?"权力属于人民"是美国人20世纪60年代的口号,适合学生运动,但作为一种政治理论还不够成熟。"权力属于人民"现在应该被看作一个需要讨论的口号——不是因为这个人或那个人不好,而是因为这个人和那个人不受限制、可能喜欢现在超过未来、追随激情超过理性,而且可能倾向于让今天的少数民族以及他们未来的后代都得不到法治的服务和保障。

在美国宪法中有一个著名的脚注,"脚注四"(Footnote Four),这是20世纪30年代的一个鲜为人知的案例——美国诉卡洛琳案(*The United States v.Carolene Products*,1938)。在那个脚注中,大法官哈兰·菲斯克·斯通(Harlan Fiske Stone)提出了在什么情况下，最高法院应该"加强审查"一项法律的合宪性。也就是说，他认为最高法院大多数情况下确实应该给予国会正式通过并由总统签署的法律以"无罪推定"(benefit of the doubt)，但他又具体说明了最高法院应该在什么时候以更严格的审查来考虑对法律提出挑战。他提出以下三个条件：

- 当法律在字面上违反了宪法的明文规定。
- 当法律涉及选举过程本身，当法律与保护合格公民进行投票的制度冲突时。
- 当法律出现歧视，反对"分散而孤立的少数群体"时。少数群体身份几乎不可能在投票中赢得权力，因为他们不可避免地会被多数群体击败。

民主不应被个人或个人特点所界定，甚至也不应与选举制度的合法性等同，而应与制度体系等同。美国的这些制度体系应该提供公平和正义；应该提供和保障个人自由，保障个人的生命(权)、自由(权)和幸福(权)；应该提供公平和受到良好保护的选举制度，以及有效的管理和监督。

时间在许多方面都是治理系统的一个维度。不同形式的专制国家都在寻求精简的决策和高效的结果，而民主政体则有意要求缓慢的协商过程。这与如何问责领导人有很大的关系。民主进程的缓慢步伐往往令人沮丧，但这对民主运作和对政府问责来说至关重要。

第四编

后 记

第十一章 反躬自省:舒德森论舒德森

本文写于2017年,缘起是《新闻研究》(Journalism Studies)杂志发了一期有关我的论文和专著的研究特刊,题为《不可爱的新闻业:与迈克尔·舒德森对话》,组织了9篇有关我的新闻和政治研究的批判性评价文章,此文是对这些文章的回应。特刊论文集的出版机缘容我在文内详述。这一章作为本书的后记,可以帮助读者了解这个特刊中论文的来龙去脉,以明白它们个性化的、精彩之处以及兴致索然的部分。

非常感谢马塞尔·布罗尔斯玛,在2014年向荷兰格罗宁根大学(the University of Groningen)提议授予我荣誉学位。后来他又在该校建校400周年的特殊时刻——进一步组织了一个会议,讨论我的研究成果。这期《新闻研究》的稿件就是在这个会上首次发表的。①

---

① "The Unlovable Press: Conversations with Michael Schudson," *Journalism Studies* 18, no. 10 (2017): 1206-1342; special issue edited by Marcel Broersma and Chris Peters. The issue includes an introduction by Broersma and Peters, essays by C. W. Anderson, Rodney Benson, Martin Conboy, Lucas Graves, Brian McNair, Erik Neveu, Rasmus Kleis Nielsen, Christophe Raetzsch, and Silvio Waisbord.

我也要感谢鲍勃·富兰克林(Bob Franklin),他为这期《新闻研究》专题研究组织了这么多的文章。我还要感谢我在欧洲和美国的同事们对我的研究给予了切实的关注。这些同事中有一些是我以前的学生,他们的到来使这次会议更加异彩纷呈。有些论文重申了我的观点,但更有说服力,阐释也更精当,对我来说,这是一份厚礼。

这些论文提出了许多令人兴奋的观点,恕我不能一一呈现,事实上,我也不必这么做,因为这些观点自身就很清晰。我想借此机会就几个问题发表一些看法。第一是我在理解新闻的生产过程和意义时,或多或少忽视了技术和经济因素。换句话说,没有反思我以文化为中心的研究路径可能招致的后果。第二,我早期的新闻研究可以被理解为知识社会学的实践吗?第三,如果我尝试涉足更广泛的政治史研究,特别是《好公民》(1998)和《知情权的兴起》(2015)这两本书,会有益于新闻研究吗?如果有,益处是什么呢?第四,对我的研究风格或性情,尤其是我对新闻业展现的"乐观主义"——如果它称得上是乐观主义的话,应该给予怎样的褒贬?

一、缺什么:舒德森的研究囿于文化吗?

文集中的部分论文认为,我的工作忽略或低估了经济力量在美国新闻业发展和实践中的作用,罗德尼·本森和马丁·康博伊(Martin Conboy)都持这个观点;同样,我还忽略了技术在媒介史上的强大作用,这是克里斯多夫·雷兹奇(Christoph Raetzsch)的观点。

这种批评在某种程度上是公正的。在20世纪70年代,左派学者们凭借马克思主义的词汇来理解社会。这意味着人们强烈倾向于认为经济(有时是技术)是社会的基础,是对其"上层建筑"的政治、社会和文化特征的基本解释。这种强调使用的是片面的真理,然后又把它鼓吹成了误解的气泡。后来,左派学者转向文化分析,强调"文本"(有时排除了对社会的实证研究),但经济是一切基础的观点依然挥之不去。不仅仅是左派持这一观点。

至少在美国,"问题在于经济,笨蛋"是一种迫使我们忽视社会中其他力量的常规反应,也让我们看不到商业主义自身的进步。它在进步吗?是的,就在进步。在哈贝马斯关于18世纪公共领域风起云涌的著作中,不就大量提及商业是公共领域的保姆这一事实吗?公共领域是在这样的温床中孕育出来的:咖啡馆、酒吧(都是商业经营的),还有报纸——它后来也成了一项商业冒险,尽管之前是一种政治表现。很难想象,如果没有商业支持,一个公共领域该如何维持。即使是一些公共媒体比美国强大得多的欧洲国家,有时也会受到刺激,引入商业竞争,大胆向竞争对手——商业媒体学习,督促政府和政党对公共事务负责(比如英国广播公司从20世纪50年代中期就开始报道国内的政治冲突和争议)。

在我个人的成长过程中就见过小型资本主义的人性一面。我的祖父辈中有一个布料商,还有一个是几家男装店的老板。我父亲经营着一家小型的体育用品和运动(保龄球)服装公司,在鼎盛时期他雇用了大约40人。每到夏天,我都在库房和办公室为父亲打工,我发现他是那类不太合格的社会劳动者。他的雇员就是雇员——他雇用他们、解雇他们。可我怀疑他付给他们的工资太高了(他给我的是最低工资,我就值那么多)。他知道他的员工们也是人。他们有家庭问题,他们有麻烦的孩子,他们的配偶有酗酒问题,他们有时上班会迟到。他倾听他们的述说,他为他们担忧。他对他们的帮助已经超越了劳资关系的契约界限。有时,他还会雇用他们的孩子做暑期工,而不仅仅是他自己的孩子。

在纽约,资本主义也会出现在离我几个街区远的街角超市,收银员熟悉并耐心而友善地对待邻居中那几个孤独的老人,他们会在超市里闲聊一会儿。资本主义还造就了美国新闻业最优秀的典范,无论是苏兹伯格家族的《纽约时报》、格雷厄姆家族的《华盛顿邮报》,还是钱德勒家族的《洛杉矶时报》。

对于市场力量推动石化工业,阻碍环境保护,以及烟草业导致肺癌的事实,我并非视而不见——尽管我对烟草公司的研究贡献不多。① 市场力量强大。经济激励机制和商业竞争是人类各项事业的动力因素,但我认为,在理解复杂的人类行为时,经济很少是我们需要唯一或首要考虑的因素,把过去半个世纪新闻业的发展看作"市场

---

① Michael Schudson, "Symbols and Smokers: Advertising, Health Messages, and Public Policy," in Robert L. Rabin and Stephen D. Sugarman, eds., *Smoking Policy: Law, Politics, and Culture* (New York: Oxford University Press, 1993), pp. 208-225; and US Department of Health and Human Services, *Reducing Tobacco Use: A Report of the Surgeon General* (Atlanta, GA: US DHHS, Centers for Disease Control and Prevention, 2000).

失灵"的故事是错误的。从20世纪60年代末开始,新闻业发展最重要的面向是新闻监督质量的巨大改进和提高。在我看来,说"调查性报道,尤其是地方层面的报道正在减少"似乎是不严谨的[这是罗德尼·本森的观点,他引用了社会学家保罗·斯塔尔(Paul Starr)令人钦佩的研究]。必须指出的是,调查性报道正在从它于20世纪六七十年代达到的高度下滑(以目前的程度来看)。本森补充道:"相较商业机构所掌握的权力,对商业机构的批评性报道的数量仍然严重不足。"我同意这一点,但要有限定条件。商业报道在什么时候不充分(或者在什么地方不充分,它在英国、法国、德国或芬兰充分吗)?记者罗伯特·萨缪尔森于1969年加入《华盛顿邮报》的商业报道部——当时商业报道部有办公桌的正式人员总数不过7人。到2002年,则有80多人。萨缪尔森后来回忆道,1969年,"批评性报道往往因稀缺而引人注目"①。尽管新闻市场疲软,今天的商业报道却比20世纪70年代以前美国历史上的任何时候都要强劲。自1970年以来,一种更具调查性、分析性、情境性和批判性的报道开始出现,并在经济许可下获得了发展(当时的许多新闻媒体都很兴盛),而且并不需要经济或技术的助力。

克里斯多夫·雷兹奇则强调我的研究低估了技术的重要性。的确,我通常以个案研究反对技术决定论。从《发掘新闻》(1978)开始,我就一直在这样做,而且我可能会以同样的方式继续下去——不是因为技术不重要,而

---

① Robert J. Samuelson, "Moving Toward the Mainstream," *Nieman Reports*, June 15, 2002.

是因为一般性社会科学研究以及更多的大众流行的评论，经常认为技术才是一切。雷兹奇认为我对技术的忽视在当前尤其令人遗憾，因为新技术不仅改变了新闻体制，而且改变了公众的组成方式。他呼吁学术界研究"公众是如何超越新闻体制框架而形成的"。他很好地阐述了这一点，并强烈希望学术界研究正在兴起的公众，同时能稍稍放下这样一种假设，即只有当人们对主导新闻业一个世纪的专业机构生产的"新闻"做出反应时，公共空间（the theater of publicness）才会出现。然而，与此同时，我们也应该认识到，这些历史悠久的新闻组织虽然已经被新兴的机构和传播网络所超越，但在收集和制作有关当前时事的原创新闻报道方面，这些传统机构仍然占据着主导地位，依然是公共组织的核心部件。再过20年，这会改变吗？我不甚了解未来。

二、舒德森是在研究知识社会学吗？

克里斯多夫·雷兹奇认为我仍然"在内心深处……是一个社会学家"，我同意这一观点。克里斯·安德森（Chris Anderson）特别把我描述成一个知识社会学家。这可能是一个更令人惊讶的说法，但我认为它也是正确的。从读研究生至今，我一直为知识社会学所吸引。也许正是这种长期的认识，让我对科学技术研究（science and technology studies，STS）感到困惑，而这项研究却吸引了诸多我最优秀的学生。当我还在加州大学圣地亚哥分校任教时，我的研究生弗雷德·特纳（Fred Turner）就试图向我解释技术研究。我很疑惑,技术研究中有什么是我没有在1970年前后阅读彼得·伯格(Peter Berger)和托马斯·卢克曼(Thomas Luckmann)的《现实的社会建构》(1966)中读过的呢?的确有,技术研究更强调技术,更关注工具和实践过程的物质性以及"实验室生活"的微观过程,而问题的核心——我们所谓的"知识"是社会关系、社会过程和社会制度的产物——都在伯格和卢克曼那里有所体现。

20世纪70年代我读研究生的时候,据我所知(但我当时对科学社会学所知甚少),知识社会学中没有关于知识形成过程的具体的实证研究。知识社会学似乎是一种严谨的理论追求,而我更多地是为实证和历史所吸引。我把我的博士毕业论文设计为对职业社会学的研究,包括对新闻和法律的个案研究。正如安德森所建议的,如果我在《发掘新闻》一书中能保留更多关于"法律"的部分,至少在我讨论一战后美国的文化精神时,这篇博士毕业论文很可能会更好地展示它的知识定位。

从博士毕业论文到出版成书,为什么我的研究范围缩小了?因为Basic Books出版社的编辑马丁·凯斯勒(Martin Kessler)想要一个简单的新闻故事。我在芝加哥大学的前辈同事莫里斯·亚诺维茨(Morris Janowitz)也这么认为。他是极少数写过有关新闻的书的社会学家之一。他们觉得我要说的关于新闻的内容是新鲜的、原创的,而且我知道如何融会贯通。"法律理论"是深奥的,我花了一年时间旁听哈佛法学院的课程,但我觉得自己在法律领域并不像在新闻领域那么游刃有余。

我同意安德森关于我的研究属于知识社会学的观点。我认为知识社会学本质上是激进的或不稳定的。没有人真的愿意相信，我们所依赖的甚至可能支撑我们生命的真相，是历史的偶然。但事实就是如此。托马斯·库恩告诉我们的科学真理也不例外，物理学家马克斯·普朗克也如是说。当一种新的理论或"范式"取代了旧的时，它并不是用一场精心设计的基于证据的论辩赢了旧范式。正如普朗克所言，那是因为致力于旧范式的科学家们都过世了。据说普朗克曾说，科学是在一次又一次的葬礼后进步的。在我看来，这个观点过于愤世嫉俗，但它触及了问题的核心。

布莱恩·麦克奈尔（Brian McNair）也关注了《发掘新闻》，并对这本书进行了细致的分析。我非常同意他的观点，即客观性在今天比以往任何时候都重要。但有两点我和他意见相左。他写道，20世纪90年代至21世纪初，美国新闻业发生了一场客观性危机，《新共和》（*The New Republic*）的斯蒂芬·格拉斯和《纽约时报》的杰森·布莱尔的虚假新闻案凸显了这一危机。但，是"危机"吗？我可能记错了，但是我记得当时报社对格拉斯和布莱尔的态度是毫不犹豫的——"你被开除了！"这并不是一场客观性的危机。客观性争议是关于控制偏见而不是体制内造假的争议。格拉斯和布莱尔事件为公共空间（public theater）的出现提供了机会，重申了新闻媒体矢志不渝地对真相的不懈追求。

187 麦克奈尔的另一个观点是，自英国格拉斯哥大学传媒研究小组（Glasgow University Media Group）发表研究

成果以来,以及美国出版《发掘新闻》后的几年里(在美国,这几年里赫伯特·甘斯、托德·吉特林、盖伊·塔克曼等人的作品也相继问世),新闻媒体已经开始帮助读者"窥视(新闻)成品的幕后"。但这是真的吗?麦克奈尔在英国广播公司看到了这一点,他说"新闻机构(会常规性地)为他们的用户/观众提供各种工具,让他们可以窥视新闻成品的幕后,观察甚至参与制作过程"。不过我认为,偶尔的众包和偶尔的"我是如何得到那篇报道"的边角栏目,并不能让观众真正了解新闻编辑部的工作流程。

艾瑞克·内维尔有效地重新审视了《发掘新闻》中的"信息"新闻和"故事"新闻。我完全同意他的批评,认为这种区别是不充分的。我当时就意识到了这一点,也一直不太喜欢我的"信息/故事"二分法。我之所以让它在书中出现,是因为研究美国新闻业的历史学家对"黄色新闻"的谴责让我相信,在约瑟夫·普利策(Joseph Pulitzer)的《纽约世界报》中除了"煽情性"故事没别的内容。但是,当我浏览《纽约世界报》脆弱易碎的页面时,我看到的是一份满是严肃新闻的报纸,同时伴有丰富多彩的新闻故事,当然,据我所知(而且我对美国通史没有足够的了解,尤其是对纽约市的历史还不能做出有把握的判断),它实际上不是我先入为主想象的那种卑劣的、迎合的报纸,而是一份努力进行新闻搜集的生动的报纸。与此同时(19世纪90年代末,尤其是1898年和美西战争期间),《纽约时报》表现出了一种克制的灰色调性的冷静风格。我还没有准备好宣布此种模式优于另一种,但它们是如此不同。如何命名这种差异?"信息"和"故事"这两个词对我来说似乎从来都不够令人满意,但这是当时我脑海中出现的最好的想法——我当然也相信总有一天会有其他人有更好的表述。

我认为现在的新闻种类比"信息"和"故事"、"硬新闻"和"特写"(feature),或其他任何一对术语都要更容易理解。凯瑟琳·芬克和我在 2014 年的论文中(内维尔对其做了参考)提出的"情境式新闻"概念是一个重要的附加类别。① 罗德尼·本森在他有关法国与美国的比较研究中,也呼吁关注新闻报道的类别——跨国新闻报道的比较研究表明,不同专业化的新闻业在不同国家有不同的发展方式。② 查尔斯·布里格斯(Charles Briggs)和丹尼尔·哈林关于健康新闻的著作表明,如今,即使是在单一的新闻产品中也会有显著的差异,贯穿不同的主题有不同的"操作路线"和类型标志。③ 我们或许会发现自己在几十种故事"类型"的新闻分析或不同指导报道的规范之间游移不定,比如体育新闻("从主场球队的观点出发写作")、政治新闻("提供背景分析,但在政党斗争中不偏袒任何一方")、医疗新闻("通常服从医疗权威")——没有任何一种类型能涵盖所有新闻领域,当混合类型彼此

---

① Katherine Fink and Michael Schudson, "The Rise of Contextual Reporting, 1950s—2000s," *Journalism: Theory, Practice, Criticism*, 15, no. 1 (January 2014): 3-20.
② Rodney Benson, *Shaping Immigration News: A French-American Comparison* (New York: Cambridge University Press, 2013).
③ Charles L. Briggs and Daniel C. Hallin, *Making Health Public: How News Coverage Is Remarking Media, Medicine, and Contemporary Life* (New York: Routledge, 2016).

交错渗透,前所未有地无处不在时,批评家最完整的类型建构也会被解构。

那么,《发掘新闻》是知识社会学中的一次尝试吗?我认为这种看待它的方式是有价值的——也是对我后来的几篇文章归类的好方法,尤其是《叙事形式的政治》(The Politics of Narrative Form)和《提问权威:新闻采访的历史》(Question Authority: A History of the News Interview),这两篇文章都收录于《新闻的力量》(1995)一书中。

三、舒德森从社会学家变成政治史学家了吗?

我大学时的第一个专业是政治学,后来转向了社会—人类学［当时和现在都是斯沃斯莫尔学院(Swarthmore College)的一个系］,但我从未失去对政治学的兴趣。我也一直很喜欢历史,但是在大学里,我很天真地认为,在历史学家可以教给我的东西里没有什么是我不能通过读书自学到的,而我想象的社会科学都有深奥的概念和方法,只有在课堂上才能学到。

无论如何,我已经开始重新思考政治文化和政治历史。卢卡斯·格雷夫斯(Lucas Graves)对我在《好公民》和《知情权的兴起》两本书中的观点做了精辟、精妙的概括。我很高兴能在《新闻研究》杂志中看到他对这两本书的评述,这基于一个尴尬的原因:《发掘新闻》是我的第一本书,也是我最著名的一本书。它既让我喜悦,也让我痛苦(我后续出版的作品的关注度均不如《发掘新闻》)。我认为《好公民》可能才是我最好的一本书,它涵盖范围最广,也是我所有作品中对传统思想进行了最尖锐批评的书。它拒绝将"知情公民"模式作为民主国家公民的唯一或最好的模式。这种模式通常支配着美国记者、美国高中历史教师和美国公共话语的自我理解,人们通常认为这是美国开国元勋们所珍视的,但事实并非如此。在过去的两百年里,"好公民"的定义已经发生了变化。就像《发掘新闻》一样,《好公民》也在探究一种价值、一种规范、一种理想的历史性——前者认为客观性造就了新闻业,后者认为"被告知(知情)"是好公民的主要特征(以及后来的《知情权的兴起》中的"透明性")。了解政治文化史也有助于我们理解新闻史。进步时代(Progressive Era)的新闻业努力批评政党的腐败和党派之争,呼吁通过有公民参与的初选而不是乌烟瘴气的幕后操作来提名候选人;寻求公民依法直接投票的方式(提案和公民投票),特别是在有组织的政党相对薄弱的州——这些都在强调公民应该被告知,而不是成为特定政党的忠实追随者。这就为那些与政党关系不那么密切的报纸打开了大门。

因此,我真的很高兴《新闻研究》杂志能注意到我最近的研究,尤其是能收录卢卡斯·格雷夫斯、拉斯穆斯·克莱斯·尼尔森(Rasmus Kleis Nielsen)和西尔维奥·维斯伯德(Silvio Waisbord)的文章。我也同意维斯伯德的观点,我的一些研究对"新闻研究"之外的许多方面都有贡献。

我赞同沃尔特·李普曼的观点,即民主依赖于专家的专业知识,维斯伯德在这一点上与我惺惺相惜。我从李普曼身上学到的是,他对专家的赞扬本身并不是精英主义的,尽管他的风格和品味是那么的精英主义。也就是说,他不认为普通人应该把权力让渡给专家,仅仅由于他们智商不够高,受教育年限较短,或没有足够的文化修养来跟进、参与错综复杂的政府治理工作。相反,李普曼认为,我们都有类似的不足之处。我们没有一个人有十足的能力能为政府建言献策。当代政府的多重任务大大超出了我们任何人的力所能及,包括那些全身心投入治理工作的国会议员。这没什么好羞愧的,人的认知能力都是有限的,包括国会议员,正如李普曼在 1922 年观察到的,"即使是最聪明、最勤奋的代表,我们也不能指望他能理解他所投票法案中的一小部分。他能做的最多就是专攻几个法案,其他法案就只能参考其他人的意见"①。而且,李普曼称赞的不是政府专家的头脑或教养,而是他们的独立性,他们只服膺于对事实的最佳分析,而不是唯总统、部长或国会马首是瞻。在这一点上,他给出的例子是英国外交服务部门,他写道,在那里,"知识汇集与政策制定二权分立"。民主专家的美德在于"坚守自己的专家身份,不关注决策"②。

四、关于乐观主义——我会坚持下去

几位撰稿人对我明显的乐观主义有所疑虑。拉斯穆

---

① Walter Lippmann, *Public Opinion* (New York: Free Press, 1997 [1922]) p. 183.
② Walter Lippmann, *Public Opinion* (New York: Free Press, 1997 [1922]) pp. 240, 241.

斯·克莱斯·尼尔森发现我列出的新闻可以为民主做的七件事已经超出了乐观主义——也许是乌托邦式的（我稍后会回应这一点）。马丁·康博伊想知道，为什么我没有意识到，"就目前的形势，新闻业可能不再有能力为民主事业作出贡献"。今天，环顾四周，康博伊看到"保证'新闻业的胜利'（the triumph of journalism）的那些民主和商业力量已经被一扫而光"。换句话说，舒德森教授，现在不正是抛弃乐观主义的时候吗？

这样说还为时尚早。看看今天的新闻机构中发生了什么，比如《纽约时报》、《卫报》、英国广播公司、《华盛顿邮报》、ProPublica、新闻调查中心、国际调查记者联盟、调查报道工作坊、公共诚信中心（the center for Public Integrity）、调查新闻网络（Investigative News Network）以及它的上百个非营利组织成员。只有几名记者的小型创业企业展现着非凡的新闻才能，赢得人们梦寐以求的全国奖项，包括普利策奖。这是一个令人满意的商业模式吗？不，我还不这么认为。与此同时，在一个对艺术的支持有限的国家，现代舞、实验音乐、先锋剧场、诗歌和古典音乐也从未有过商业模式。像大多数新闻创业企业一样，它们生存下来了，依靠个人和基金会的慈善捐款。非营利的艺术在美国经受住了冲击，非营利的新闻可能也会以同样的方式险中求胜。

维斯伯德对我的乐观主义也提出了反对意见：如果我是对的或者大部分是对的，那么民主就是一种更好的治理形式，因为伴随着强大的公民社会，它已经发展为一个"监督式民主"，有更多的新闻监督，有更具批判性和怀疑性的公民,能更全面地认识和保护少数群体的权利、更强力和广泛地保护个人权利,但是,为什么有些事情会变得如此糟糕?特别是,为什么收入不平等在加剧?难道"监督式民主"就像它之前的代议制、以立法为中心的民主一样,带有上层阶级的腔调吗?

是的,它确实如此。但我不太倾向于说"监督式民主"比以选举和立法为中心的民主"更好",而是说它是更适合强大行政国家的民主,美国政府重心已从立法转移到行政。新闻学者们阅读约翰·基恩的《生死民主》(*The Life and Death of Democracy*,2009)或皮埃尔·罗桑瓦隆的《抗衡式民主》(*Counter-Democracy*,2006)的时代已经过去了,但是,在我看来这些书确实提供了极好的且令人信服的解释,即我们为何需要重新思考现在令人惊讶的、过时的民主和民主公民概念。

拉斯穆斯·克莱斯·尼尔森文章中的观点,我基本同意,只想针对他的某些观点做个点评。我在《为什么民主需要一个不可爱的新闻界》(*Why Democracy Need an Unlovable Press*,2008)一书中,提出了七项"新闻可以为民主做的贡献"。[1] 尼尔森对其中的六项进行了评论,认为这与他本人的观点是有距离的。其实我提出的七项贡献不是来自学者的研究,而是来自我在早餐桌上的报纸

---

[1] 根据作者《为什么民主需要一个不可爱的新闻界》中的观点,这七项贡献是:informing the public(告知公众)、investigation(调查性报道)、analysis(分析性报道)、social empathy(社会同理心)、public forum(公共论坛)、mobilization(社会动员)及 publicizing representative democracy(宣传代议制民主)。与本文略有不同。——译者注

192 阅读。我发现《纽约时报》(我最常订阅的报纸)相当频繁地提供着七种服务中的前六种。它们是:提供信息、倡导、调查、分析、(提供)公共论坛、宣传代议制民主是如何运作的,以及通过描述我们可能不了解的个人和社区生活来传递社会同理心(一个完美的例子是,2017 年 4 月 17 日早晨的《纽约时报》在头版报道了纽约市一个公共收容所中由无家可归的女孩们组成的一支女童子军)。《纽约时报》唯一的失败,在我看来是它(像我们大多数人一样)被困在以选举为中心、"知情公民"主导的民主模式中,对当代民主的运作方式不能给读者提供启迪——这表现在美国日益增长的行政分支的重要性,政府内外越来越多的、督促这个行政国家对国会和公众负责的监督和审计机构,利益集团和公共利益集团不断增强的、通过法律诉讼寻求政治目标的能力,以及不断变化的公民角色(他们可以一年 365 天按部就班地行使自己的政治权利,而不会像美国开国先贤们所期望的那样,每两年才出现在投票亭前一次)。至于其他六项民主职能,我并不要求新闻媒体必须承担它们完不成的任务,有时候它们把这些任务完成得又相当好。我只是要求新闻媒体认识到它们已经在承担的每一项职能,都是在帮助民主——不是拯救民主,不是拯救新闻媒体自身的民主,不是在促成乌托邦,而是切实地对民主作出重大贡献。

其他行业也承担了其中的一些功能。比如调查功能。在法律程序中有对民主至关重要的调查工作。总监察长与政府内部的其他审计和核查服务部门也会参与调查工作。让狐狸看守鸡舍?听上去并不是那种最有分量的调查。在一个运作正常的公务员制度中,腐败、越权和管理不善都可能会受到来自内部的监察。民主不能也不应该完全依靠新闻报道来进行调查工作,但新闻记者拥有的熟练技能,也是很少有检察官或检察员能与之匹敌的——记者们知道如何讲故事,如何吸引公众。

尼尔森担心,我对新闻业的期待远远超出了新闻业的力所能及。他认为,如果新闻业能做好提供信息的工作,引领公民在政治世界的航向,那就足够了。他经常与记者合作,想提醒学术界:已经有太多令人钦佩的记者、摄影师和编辑勇敢而出色地为我们带来信息——我们不能再让他们负重前行了!

我也很钦佩记者们,我们不应该要求他们解决世界上的所有问题。他们从来没有,也永远不会这样做。但我不是一个十足的乐观主义者吗?其实,"是"或"不是",我也还在寻找答案。我只是认为,一名教师,任何教师,都有责任保持乐观,相信下一代能成就伟大的事业,下一代一定能青出于蓝而胜于蓝。

另一方面,我生长在核灾难的阴影下,成长于几大洲种族灭绝冲突的后期,一个席卷全球的国际恐怖主义世界中。在美国,许多闭目塞听、"闭关锁国"的当权者忽视了潜在的灾难性的全球变暖。这里没有任何东西能哺育乐观主义。"狭隘民主"风靡全球,美国也不例外。我认为,大多数人大部分时间都不知道,也不太关心重大的政治问题。当他们主动了解它们时,他们很有可能感受到的是恐惧而不是希望。

如果多数决定原则是民主的全部,那么我就不是一

193

个民主主义者了。我仰慕和珍惜的是自由式民主——法治的民主，小心保护宪法赋予的少数群体权益的民主，制度运行机制导致的决策缓慢的民主，提供多重机会使民众多听、多看、修正、上诉、省思的民主，为不同利益的不同群体参与决策提供机会的民主。

我担心的是学术界以及新闻业对民主的贡献。我认为学者进行批评已经更多成为一种条件反射。当然，批评就是我们的本职工作！如果你已经阅读了相关文献，并且认为它说得很好，你就不必在期刊上发表一篇学术文章！如果你不能发现一些民主的问题，那么我们为什么要读那些（你写的）与民主主题有关的新文献呢？

如果我们所做的只是批评，那么人们为什么要相信我们呢？我听一个学者说，不管具体的主题是什么，他实际上只有两件事情要讲，即"情况真的很糟糕"和"情况正在变得更糟糕"。比起这个，我们一定可以做得更好。我渴望一种乐观主义的精神，但它必须是与现实主义相结合的。

图书在版编目(CIP)数据

为什么新闻依然重要 / (美)迈克尔·舒德森著; 李煜译. --北京：中国传媒大学出版社，2025.3.

ISBN 978-7-5657-3845-6

Ⅰ.G21

中国国家版本馆 CIP 数据核字第 2025FM0042 号

Translated from WHY JOURNALISM STILL MATTERS (1st Edition)
By Michael Schudson
ISBN 97815095 28042
Copyright © Michael Schudson 2018
The right of Michael Schudson to be identified as author of this work has been asserted in accordance with the UK Copyright, Designs and Patents Act 1988.
First published in 2018 by Polity Press

Chinese Language Edition Published by China University of Communication Press.
本书简体中文版专有出版权由 Polity Press Ltd.，Cambridge 授予中国传媒大学出版社出版。未经出版者书面许可，不得以任何形式抄袭、复制或节录本书中的任何部分。
简体中文版本通过中华版权服务有限公司(China Copyright Service, Ltd.)安排引进。
北京市版权局著作权合同登记　字图：01-2023-6021 号。

为什么新闻依然重要
WEISHENME XINWEN YIRAN ZHONGYAO

著　　者	[美]迈克尔·舒德森
译　　者	李　煜
策划编辑	李水仙
责任编辑	李水仙
封面设计	大鹏设计
责任印制	李志鹏

出版发行	**中国传媒大学**出版社				
社　　址	北京市朝阳区定福庄东街1号		邮　编	100024	
电　　话	86-10-65450528　65450532		传　真	65779405	
网　　址	http://cucp.cuc.edu.cn				
经　　销	全国新华书店				
印　　刷	唐山玺诚印务有限公司				
开　　本	880mm×1230mm　1/32				
印　　张	9				
字　　数	195 千字				
版　　次	2025 年 3 月第 1 版				
印　　次	2025 年 3 月第 1 次印刷				
书　　号	ISBN 978-7-5657-3845-6		定　价	46.00 元	

本社法律顾问：北京嘉润律师事务所　郭建平